KB057227

어쩌다 부부

부모 되 는
철학시리즈
09

달라도 너무 다른 우리 부부 행복찾기

어쩌다 부부

부모되는 철학시리즈 09

초판 1쇄 발행 | 2018년 5월 25일
초판 2쇄 발행 | 2019년 11월 15일

지은이 | 조창현
발행인 | 김태영
발행처 | 도서출판 씽크스마트
주　소 | 서울특별시 마포구 토정로 222(신수동) 한국출판콘텐츠센터 401호
전　화 | 02-323-5609 · 070-8836-8837
팩　스 | 02-337-5608

ISBN 978-89-6529-182-4　03180

이 도서의 국립중앙도서관 출판예정도서목록(CIP)은 서지정보유통지원시스템 홈페이지(http://seoji.nl.go.kr)와
국가자료공동목록시스템(http://www.nl.go.kr/kolisnet)에서 이용하실 수 있습니다.(CIP제어번호: CIP 2018014286)

씽크스마트 • 더 큰 세상으로 통하는 길
도서출판 사이다 • 사람과 사람을 이어주는 다리

어쩌다 부부

달라도 너무 다른
우리 부부 행복찾기

조창현 지음

이 책은 연애 과정에서부터 배우자 선택, 결혼과 신혼생활, 남편과 아내의 차이,

양가 가족구성원들과 갈등 해결 방법, 건강하고 행복한 양성평등 가족문화 등

결혼생활과정에 따라 달라져야 하는 부부의 역할과 자세에 대해 저자가 부부갈

등 조정상담 전문가로 체험한 내용을 정리한 것입니다. 책을 읽어보니 알차고

재미있었습니다. 생애주기에 따라 전반적인 부부생활을 수직적·수평적으로 꿰

뚫어 볼 수 있게 입체적으로 쓰여 있습니다. 내용의 흐름이나 구성, 적절한 사례

와 문제해결 방안도 참 좋습니다. 구구절절 공감이 느껴지고, 결혼생활에 필수적

이라고 생각합니다. 많은 사람들이 결혼할 때 혼수나 집, 예식장, 스드메 등은 신

경 쓰면서 정작 부부생활에 꼭 필요한 것들은 체크하지 못하고 '어쩌다 부부'가

됩니다. 이 책에서는 부부와 가족, 그리고 우리가 놓치고 살아왔지만 꼭 필요한

것들에 대한 내용을 조목조목 짚어보면서, 건강하고 행복한 부부생활의 길잡이

역할을 할 것이라 생각되어 적극 추천합니다.

한국가족부모교육협회장, 가족상담전문가 **김숙기**

이 책의 저자인 조창현 소장님은 제가 진행했던 CBS 〈이명희 박재홍의 싱싱싱〉 생방송 프로그램에서 부부상담전문가로 여러 번 출연하여 부부사이에 발생하는 다양한 갈등상황에 대해 매우 효과적인 조언을 해주신 바 있습니다. 무엇보다 이 책은 결혼생활에 대한 깊은 생각과 부부들의 속마음이 담겨져 있기 때문에 혼자 읽는 것보다 부부가 함께 정독하시기를 권해드립니다. 나와 우리 부부에 대한 생각이 확 바뀔 것입니다. 더불어 결혼을 준비하는 과정이나 신혼부부들에게는 결혼생활의 시행착오를 줄이고 배우자에 대한 이해를 더 깊이 할 수 있는 탁월한 안내서가 되리라 확신합니다. 수많은 방송 프로그램을 통해 부부관계의 이정표를 제시해주신 소장님의 금번 저서를 준비된 결혼, 행복한 결혼생활을 위한 안내서로 적극 추천해 드립니다.

〈세상을 바꾸는 시간, 15분〉 진행자, CBS 아나운서 **박재홍**

《어쩌다 부부》책 출판을 진심으로 축하합니다. 저출산 고령사회 인구문제의 심각성이 생산절벽, 소비절벽으로 이어지지 않도록 부부들뿐만 아니라 국민 모두가 함께 힘을 합쳐 인구절벽 위기를 극복하자는데 공감합니다. 저는 지금 자녀가 2명인데 아는 선배가 하는 말이 나중에 아이들이 크면 한 명은 엄마편, 또 다른 한 명은 아빠편이 되고, 조정자가 없어 부부갈등이 오래간다고 하더라구요. 이 책 읽어보니 아들 2명의 위기부부가 부부상담 받은 후에 1명을 더 낳아 아들 3명을 지금 잘 키우고 있다는 사례를 보고 저는 세 자녀 갖기 운동을 추진하고 싶습니다. 위기를 기회로, 기회를 기적처럼 극복하면서 결혼생활이 개그처럼 즐거워지고, 사랑과 행복을 찾아가는 지혜를 더 많은 사람들과 함께 나눌 수 있도록 적극 추천하고자 합니다.

JDB엔터테인먼트 개그맨 **변기수**

이 책은 가까운 사람들에게 나누어 주고 싶은 최고의 가족 선물입니다. 저는 같은 일가 사람으로서 누구보다도 가족의 소중함을 널리 알리고, 부부갈등 조정 상담 전문가로서 노하우가 전수될 것을 믿습니다. 특히 책 내용 중에 '부부는 판검사가 아니라 서로에게 변호사가 되어야 한다'는 말에 깊이 공감합니다. 배우자가 이해 안 되고 화가 날 때, 이 책을 펼쳐서 아무 구절이나 한 번 읽어보세요. 그러면 어느새 화가 풀어지고 머리가 맑아지는 것을 느낄 수 있으실 거예요. 결혼생활에 꼭 필요한 지침서가 될 수 있다고 확신합니다. 부부중심의 양성평등 가족문화를 정착시키고, 나와 우리 가정에서부터 폭력문화를 추방하여 세계 최고 수준인 이혼율 자살률을 감소시키는 데 이 책이 크게 기여할 것을 믿고 적극 추천해 드립니다.

법무법인 로서브 대표변호사 **조소현**

예비부부나 신혼부부뿐만 아니라 부모가 결혼한 자녀에게 선물해도 참 좋을 것 같은 책입니다. 중년 부부로서 결혼생활의 시행착오를 되돌아보고, 자신에게 주어진 현실에 감사하면서 남은 인생을 가족과 함께 행복한 삶을 이어가는 데 많은 도움이 되리라 확신합니다. 부부가 서로의 언어습관이나 표현방법, 가족문화의 차이를 이해하고 인정할 수 있도록 행복한 부부관계의 로드맵을 알려주고 있습니다. 부부를 통찰하는 철학적 깊이가 깊게 느껴져 부부가 꼭 함께 읽고, 마음의 대화를 주고받으면서 어제보다는 오늘, 오늘보다는 내일 더 많이 성장하고 행복해지는 데 크게 도움이 될 것 같아 적극 추천합니다.

코리안서포터즈 회장, 고려직업전문학교 이사장 **문상주**

이 책은 결혼생활의 디딤돌이라고 생각합니다. 부부갈등이나 가족위기 상황 속에서 바람직한 방향성과 해법을 제시해주기 때문입니다. 결혼식 준비보다 결혼생활 준비가 더 중요하다고 합니다. 이 책은 부부갈등과 이혼 위기를 극복하도록 애쓰신 노하우가 대단하게 느껴집니다. 부부갈등 조정상담 전문가로 일해 온 저자가, 불행을 정복하고 행복을 쟁취하기 위해서는 부부문화를 개혁해야 한다고 주장합니다. 문장 하나, 단어 하나마다 담겨 있는 저자의 의지와 열정을 느낄 수 있었습니다. 생애주기에 따라 알차고 재미있게 구성되어 결혼생활에 꼭 필요한 참고서가 될 수 있다고 생각하여 적극 추천합니다.

휴넷 대표이사 조영탁

행복은 가족과 함께 느끼는 것입니다. 인간의 탄생과 성장은 부부의 책임과 의무에서 출발합니다. 저자가 부부갈등 조정상담 전문가로 체험한 내용을 연애 과정에서부터 배우자 선택, 부부를 중심으로 양가 가족구성원들의 갈등 관계를 극복하면서 건강하고 행복한 부부가 되기 위한 지혜를 정리한 책입니다. 특히 저는 중소기업을 창업하여 30년 동안 경영하고 있는 CEO입장에서 볼 때 직원들이 가장 힘들어 하는 회사와 가정, 그리고 직원 상호간의 갈등에 대한 해결책이 곳곳에 포함되어 있어 놀랐습니다. 이 책은 결혼생활에 대한 깊은 생각과 부부들의 속마음이 담겨져 있기 때문에 혼자 읽는 것보다 가족이 함께 정독하면 회사 일에 대한 집중과 가정의 행복을 동시에 얻을 수 있다고 믿습니다. 외식 10번 하는 것보다 이 책 한번 읽는 것이 더 훌륭한 투자라는 생각이 들어 적극 추천합니다.

텔스타홈멜 대표이사 임병훈

부부로
산다는 것

저는 어쩌다 '조창현'이라는 이름으로 세상에 태어나서 "어쩌다 부부"라는 책을 쓰게 되었습니다. 조창현은 조용할 때도 있고, 창피할 때도 있지만 현명하게 살고 싶은 꿈을 가지고 있습니다. 부부가 되어야 할 이유도 모르면서 어쩌다가 결혼했습니다. 그 이유를 너무 늦게 깨닫는 바람에 시행착오도 많이 겪었습니다. 그동안 힘들었던 배우자에게 먼저 이 자리를 빌려 용서를 구합니다. 아울러 수많은 갈등과 위기 상황에서 기다려주고 지지해준 가족들에게 고마움과 감사함을 전합니다. 특히 새로운 결혼생활을 시작하려는 아들과 딸에게 고백하는 심정으로 이 글을 썼습니다.

부부갈등 조정상담 전문가로서 수천 쌍의 부부를 상담해 왔고, 40회 이상의 부부학교를 진행해 왔습니다. 이 과정에서 수많은 부부와 만났지만 아직도 부부의 삶을 잘 모르겠습니다. 부부문제에 정답은 없습니다. 그러나 해답을 함께 찾아가는 지혜가 반드시 필요합니다. 이 책은 "오늘,

내가 다시 결혼한다면 나는 어떤 배우자와 어떻게 결혼생활을 하고 싶을까"를 생각하면서 썼습니다.

결혼식 준비보다 더 중요한 결혼생활 준비

베이비붐 세대로 태어나 결혼생활을 시작한 지도 벌써 30년이 지났습니다. 환갑을 지난 나이에 돌이켜 생각해보니, 지금 알고 있는 것을 신혼 시절에도 알았더라면 얼마나 좋았을까 하는 생각이 듭니다. 나와 우리 가족이 양성평등 가족문화 속에서 더 행복하게 지낼 수 있었을 것입니다. 결혼생활의 시행착오도 최소화되었겠지요. 이 책은 연애와 결혼의 차이를 인정하고, 부부의 개념과 정체성을 이해하고, 결혼생활의 갈등을 극복하는 데 큰 도움이 될 것입니다. 2,000쌍 이상의 부부갈등 조정상담을 진행하면서 느낀 생각이나 감정, 내담자들이 털어놓았던 고통, 기적과도 같은 변화의 과정을 진솔하고 생생하게 전해드리고 싶었습니다.

부부의 문제는 그 당사자가 가장 잘 압니다. 위기나 갈등에 처한 부부들도 서로를 잘 알고 있습니다. 문제는 모르는 것을 안다고 착각하거나, 모르고 있다는 사실조차 모르는 부부들입니다. 특히 함께 생활한 지 오래된 부부일수록 상대방의 부정적인 부분은 너무 많이 알지만, 긍정적인 부분을 너무 모릅니다. 그래서 부부 사이에 대화가 안 되고, 싸움으로 돌변하는 사례가 적지 않습니다.

부부갈등 조정상담은 서로에 대한 부정적인 생각을 줄이고, 긍정적인 감정을 키워나가는 과정입니다. 문제와 답은 각자 다르기 때문에 정답은 없지만 해답은 있습니다. 해답을 함께 찾아내는 방법이 서투르기 때문에 시행착오가 발생합니다. 갈등에 빠진 부부가 더 나은 해답을 더 쉽고 빠르게 찾아내고, 그 해답을 지혜롭게 실천할 수 있도록 도와드리는 것이 이 책의 목적입니다. 이를 위해, 그동안 수천 쌍의 부부 면담과 '상처 빼기 행복더하기 부부솔루션 프로그램'을 진행하는 과정에서 보고 듣고 느낀 핵심적인 생각들을 다음과 같이 요약·정리하였습니다.

제1장에서는 연애와 결혼의 차이를 설명하고, 배우자 선택의 중요성을 강조하면서 부부의 개념이나 정체성을 중심으로 살펴보았습니다.

제2장에서는 결혼식 준비보다 결혼생활의 준비가 더 중요하다는 것을 강조하였습니다. 남편과 아내의 입장 차이와 다름을 이해하고, 임신·출산·양육 과정에서 신혼생활의 단맛과 쓴맛을 체험할 기회를 제공했습니다.

제3장에서는 부부대화의 중요성을 강조하면서 부부갈등이 악순환되는 이유를 설명하였습니다. 부부문제의 핵심을 파악하고, 대화의 가장 기초적인 '1인칭 공감 대화'를 적극적으로 활용하여 부부갈등을 함께 해결하시기 바랍니다.

제4장은 가족갈등을 푸는 화해의 기술에 관한 장입니다. 가족구성원의 역할모델 차이를 이해하고, 상호 존중하는 태도가 중요합니다. 갈등 상황에서 싸움이나 폭력이 아니라 대화로 해결하는 지혜가 필요합니다.

제5장에서는 건강하고 행복한 양성평등 가족문화를 가꾸기 위한 방법을 제시하였습니다. 성장과정에서 생긴 서로의 상처를 이해하고, 자존감과 회복탄력성을 강화시켜 자기건강성을 우선적으로 확보해야 합니다. 그 다음으로 나와 우리 가족부터 세대융합의 지혜를 깨닫고 실천하

자는 것을 강조하였습니다.

당신 덕분에 행복합니다

이 책은 어쩌다 한번 왔다가는 인생, 어쩌다 부부로 인연을 맺게 된 것에 감사하면서 즐겁고 행복하게 살아가는 데 도움이 될 것입니다. 부부상담 사례를 보면 "우리 부부가 어쩌다 이렇게 되었는지 모르겠다, 어쩌다 부부가 되어 남보다 못하게 힘든 사이가 되었다"고 고백하는 사람들이 많았습니다. "차라리 남남이었다면 참 좋은 사람 같은데, 배우자로서는 빵점이었다"는 것입니다.

부부상담 체크리스트 중에 '다시 태어나 결혼한다면 현재 배우자와 결혼 하시겠습니까?'라는 질문이 있습니다. 이에 대해 80퍼센트 이상이 '아니다'라고 응답했고, 그중에 약 30퍼센트는 '전혀 아니다'라고 응답했습니다. "우리 부부는 달라도 너무 많이 다르다, 천생연분인 줄 알고 결혼 했는데 평생 웬수처럼 힘들게 살았다"고 고백하는 사람도 있습니다. 왜 그럴까? 왜 그랬을까? 왜 내가 힘들 때 도움이 되기는커녕 나의 발목을 잡고, 나를 더 힘들게 했을까? 반복되는 질문에 답을 찾지 못하고 방황하는 분들이 많았습니다.

연애 때는 '당신 없인 못 살겠다'고 스토커처럼 쫓아다녔던 사람이 결혼생활이 진행될수록 '당신 때문에 힘들어 못 살겠다'라며 돌변한 사례가 의외로 많았습니다. 세계 최고 수준의 이혼율과 자살률이 이를 증명하고 있습니다. 하지만 이 책을 읽은 후에는 '당신 때문에 힘들었다'가, '당신 덕분에 행복합니다'로 바뀔 수도 있다고 생각합니다. "어쩌다 이렇게 달라졌지, 어쩌다 우리가 이렇게 좋아졌지, 어쩌다 우리가 이렇게 편안하고 행복해졌는지 모르겠네"하면서 조용히 미소 짓는 독자들의 모습이 눈에 선하게 떠오릅니다.

이 책은 그 이유를 구체적으로 찾아가는 데 도움이 됩니다. 모든 부부에게 맞는 정답은 드릴 수 없지만, 부부가 함께 해답을 찾아가는 지름길 정도는 제공해드리기 위해 애썼습니다. 솔밭에서 바늘 찾기는 어렵습니다. 그래도 바늘로 우물을 파는 심정으로, 작지만 사소한 일부터 부부가 함께 노력하는 것이 중요합니다. 그래서 혼자 읽기보다 부부가 꼭 함께 읽어야 효과가 큽니다. 부부가 함께 읽으면서 "아 그랬구나, 그래서 나를 힘들게 했고, 또 내가 힘들었구나"라는 자기 통찰과 반성을 해보시면 어떨까요? 그러면 배우자에게 진심으로 속마음을 고백하며 다가갈 수 있는 여유가 생길 것입니다.

이 책을 읽고 나서 "오늘 내가 다시 결혼한다면 과거처럼 살지 않을 거다, 현재 배우자와 다시 결혼한다고 해도 더 즐겁고 행복하게 살아갈 자신이 생겼다"고 고백하는 사람들이 많아질 것이라고 확신합니다. 그동안 부부갈등 조정상담을 하면서 상담사이자 안전한 지지자로서 함께 울고 웃었던 사례들이 다수 포함되어 있습니다. 이러한 사례들은 비슷한 시행착오를 겪고 있는 분들께 위로와 공감이 되어드릴 것입니다.

시행착오를 최소화하며 함께 살아가는 지혜

지금 이 순간에도 많은 분이 부부갈등 및 가족문제로 고민하고 계십니다. 가족의 문제는 외면하고 포기한다고 해서 소멸되지 않습니다. 해결하지 않고 방치하면 다음 세대로 대물림될 뿐입니다. 이 책을 통해 부부 갈등의 위기를 극복하고, 가정폭력의 대물림을 중단하고, 불행의 악순환에서 행복의 선순환으로 나아가는 데 도움이 되고 싶습니다. 특히 다음과 같은 분들에게 이 책을 추천합니다.

- 20대 이후 연애와 결혼생활의 갈등 현상이 궁금하고 해결을 원하는 남녀, 예비부부에서부터 신혼부부, 중년부부에 이르기까지, 결혼생활에 관심 있는 분.
- 부부갈등 및 가정폭력 행위의 당사자로서 가족관계 개선이나 이혼위기 갈등을 극복하기 위해 노력하는 분과 가족관련 상담에 관심이 있는 분.
- 저출산, 고령화 및 가족문제 해결을 위한 공공정책을 제안하고, 가족의 역량강화 및 부부교육 프로그램을 기획하고 운영하는 공사조직의 담당자.
- 이혼위기에 처해 있거나 재혼준비를 하면서 부부 및 가족 소통의 기술을 배우고, 가족갈등으로 고민하는 내담자와 수강자.
- 그밖에 자기성장과 가족관계 개선을 위해 노력하는 모든 분과 결혼식이나 명절날, 가까운 가족과 친지들을 위한 선물로도 좋습니다.

'어쩌다'는 '어찌하다'의 준말입니다. 어쩌다는 '무엇을 어떻게 하다' 즉, 영어의 What과 How를 포함한 의미가 있습니다. "어쩌다 부부"라는 말에는 부부로서 어떻게 살아갈 것인가에 대한 의미와 중요성이 담겨있는 것입니다. 우리는 어쩌다 정자가 되고 난자가 되어, 어쩌다 서로 다른 정자와 난자가 만나서, 어쩌다 사람으로 태어났습니다. 내가 태어나고 싶어서 태어난 게 아니라 어쩌다 태어났기 때문에 어쩌다 어른이 되고, 어쩌다 부부가 되어 어쩌다 헤어지고, 어쩌다 죽어가는 게 인생입니다. 수천 쌍의 부부갈등 조정상담을 하면서 "내가 어쩌다 이렇게 살았는지 모르겠다. 우리가 어쩌다 이렇게 힘들었는지 모르겠다. 세상이 어쩌다 이렇게 변해 가는지 모르겠다"고 하소연하는 분을 많이 보았습니다.

사람은 어쩌다 태어났기 때문에 어쩌다 부부가 되는 것은 자연스러운 일입니다. 하지만 생애 주기마다 시행착오를 최소화하며 함께 살아가는 지혜가 필요합니다. 사람은 무엇이 되느냐보다 어떻게 살았느냐가 더 중요합니다. 어떻게 사느냐에 따라 어떤 사람은 대통령이 되고, 어떤 사람은 사장이 되고, 어떤 사람은 부부가 되고, 어떤 사람은 혼자 살다 갑니다. 어쩌다 죽으면 다른 사람들에게 어쩌다 생각이 날 때도 있고, 기억이 없어질 때도 있습니다. 이것은 해와 달이 만남과 헤어짐을 반복하는 것처럼 자연의 이치요, 거역할 수 없는 인간의 한계입니다.

이 책을 읽으면서 자신의 한계를 인정하고, 건강하고 행복한 결혼생활을 위해 무엇을 어떻게 해야 할지 깊이 생각해 보셨으면 좋겠습니다. 사람은 누구나 어쩌다 연애하고 어쩌다 결혼해서 부부가 되지만, 갈등을 극복하고 더불어 살아가는 방법은 어쩌다 우연히 알아낼 수가 없습니다. 이 책은 그 방법을 찾기 위한 참고서가 되어드릴 것입니다. 캄캄한 동굴을 비추는 빛이 되어드리지는 못해도, 함께 빛줄기를 찾아가는 친구가 되고 싶습니다. 비 오는 날 우산이 아니라 비를 맞고 걸으며 대화를 나눌 수 있는 친구가 되고 싶습니다. 이 책, "어쩌다 부부"를 읽은 위기의 부부들이 새롭게 출발할 수 있기를 간절히 희망합니다.

이미 잘 안다고 생각하지만 사실은 잘 모르는 부부생활 이야기

저는 친구나 직장 동료들의 결혼식 사회를 많이 진행하였습니다. 약 30년이 지난 지금, 친구 자녀들의 결혼식 주례를 가끔 맡고 있습니다. 지나온 삶을 되돌아보면 결혼과 가족생활에 대한 관심이 유독 많았습니다. 이러한 관심이 부부생활에 관한 책을 집필하는 계기가 되었습니다.

'출판은 출산과 같다'는 말이 있습니다. 한 권의 책을 출판하는 것은 한 생명을 탄생시키는 것과 같습니다. 이 책은 결혼생활과 가족에 관한 가장 기본적이고 기초적인 사항들을 다루고 있습니다. 많은 분이 이미 알고 있다고 생각하는 -그러나 사실은 잘 모르는- 부부 생활에 관한 이야기들입니다.

신혼부부가 이 책을 읽고 나서 결혼생활을 시작한다면, 시행착오를 줄이고 더욱 즐겁고 행복하게 살아갈 수 있을 것입니다. 이와 같이 갓 결혼했거나 결혼을 앞둔 젊은 세대뿐만 아니라, 베이비붐 시대에 태어난 저의 동년배들에게도 이 책을 꼭 선물해드리고 싶습니다. 결혼생활에 대한 변변한 지침서 하나 없던 시절에 동병상련처럼 수많은 시행착오를 몸소 겪어야 했던 분들이기 때문입니다.

이 책은 지금까지 약 60년 동안 저자에게 축적되고 입력된 정보를 280일 동안 정리해서 엑기스만 뽑아낸 것입니다. 저의 생각과 마음을 솎아내고, 심신의 육수를 졸여가며 진짜 진국을 만들고 싶은 심정으로 정성을 모았습니다. 한밤중에 일출을 기다리는 심정으로 출판을 기다렸고, 한 분이라도 더 많은 가족에게 떠오르는 태양처럼 환호를 받고 싶습니다.

이 책을 읽은 분들이 저처럼 위기를 기회로, 기회를 기적처럼 극복하시기를 염원합니다. 한 권의 책이지만 나무가 땅속에 뿌리를 내리는 것처럼 많은 독자님의 가슴속에 깊이 스며들어 아름다운 행복꽃을 활짝 피워내기 바랍니다. 그리하여 독자님들의 가정에 행복의 꽃향기가 가득하고, 사랑으로 충만한 밝은 웃음소리가 태양처럼 영원히 빛나기를 간절히 기원합니다. 감사합니다.

차례

4장 가족갈등을 푸는 화해의 기술

5장 건강하고 행복한 양성평등 가족문화

연애와 ──────

결혼

결혼
꼭 해야
할까

결혼, 왜 해야 할까?

21세기의 핵심 키워드로 4차 산업혁명이 등장하면서, 시간과 공간을 초월하여 지구촌 문화를 변화시키고 있다. 인공지능의 발달로 인간과 기계의 경계가 무너지고, 반려동물이 가족관계로 편입되면서 인간과 동물의 경계도 무너지고 있다. 저출산, 고령화, 다문화 사회가 뿌리를 내리고, 핵가족을 넘어 1인 가구가 대세다. 비출산 가정이나 비혼 인구도 증가하고 있다. 이혼과 재혼, 재이혼과 재결합, 졸혼과 사실혼 등 가족체계가 너무 쉽게 해체되고 재구성되고 있어서 혼란과 갈등이 증폭되고 있다. 이로 인해 가족제도의 소멸이나 인류의 위기감이 세계적으로 확산되고 있다. 이러한 시대적 흐름에 따라 결혼을 필수로 여겼던 과거 부모 세대와는 달리, 요즘 결혼 적령기에 있는 세대들은 결혼이 필수가 아니라 선택이라고 생각한다. 물론 모두가 그런 것은 아니지만, 그런 젊은이들이 증가하고 있는 것은 부인할 수 없는 현실이다. 그러나 아무리 가족의 범위와 기능이 달라지고, 시대가 변한다고 해도 결혼생활의 중요성은 아무리 강조해도 지나침이 없다.

결혼은 인생 최고의 선택이다

삶은 수많은 만남과 선택의 연속이다. 그 중에서도 부부로서의 만남이 가장 소중하다. 결혼은 또 다른 나를 선택하는 것이다. 결혼은 조연이 아니라 세상의 주인공이 되는 것이다. 결혼은 배우자에게 선택받아 서로에게 최고의 선물이 되는 행위다. 결혼은 새로운 가족생활의 시작이다. 부모·형제는 내가 선택할 수 없는 가족이지만, 배우자는 선택할 수 있다. 누구를 배우자로 맞이하느냐는 각자의 삶에 큰 영향을 준다. 결혼은 남성과 여성이 융합된 공동작품이다. 결혼은 나와 너의 단순한 만남이 아니라 새로운 우리가 새롭게 탄생한 것이다. 결혼은 사랑과 평화와 행복의 디딤돌이다. 사랑을 주고받는 가운데, 평화롭고 안락하며 행복한 인생을 살기 위해서 결혼을 하는 것이다. 결혼하지 않는 것은 꽃과 열매가 없는 나무와 같다. 결혼은 행복으로 가는 지름길이다.

결혼은 인생에서 가장 중요한 투자다

한 사람의 의견보다 두 사람의 의견이 시행착오를 줄일 수 있다. 가장 가까운 동반자와 함께 살아가는 것은 혼자 사는 것보다 훨씬 더 의미 있는 일이다. 그 의미는 쉽게 단정 지을 수 없다. 결혼한 부부는 삶의 방향을 선택하고, 삶의 에너지를 주고받으며 시너지 효과를 얻을 수 있다. 이러한 과정을 통해 상상 그 이상의 것을 얻을 수도 있다. 정신적, 경제적 가치는 무한대에 가깝다. 특히 몸과 마음의 에너지가 소진되어 육체적으로 힘들고, 아프고, 병들었을 때, 서로 먼저 챙겨주고, 배려하면서 도움을 주고받을 수 있다. 이와 같이 삶의 동반자로 적절한 배우자와의 결혼은 생애 최고의 투자다. 결혼 제도에 모순이 없는 것은 아니지만, 결혼의 가치는 크고 소중하다. 결혼은 장난이 아니고, 미친 짓도 아니다. 인생 최고의 투자는 결혼이다.

결혼생활은 장기투자가 바람직하다. 부부 생활의 안정성이 중요하기 때문에 배우자를 평생의 동반자로 선택한다. 고통과 위기가 닥치더라도 장기투자로 생각하고 만난 부부는 극복하려는 의지와 회복탄력성이 높다. 친구나 직장 동료에게서 얻을 수 없는 시너지 효과가 있다. 단기투자는 다르다. 효용가치가 떨어지면 쉽게 헤어진다. 투기 목적으로 만났을 때는 1년 내에 파기될 수도 있다. 어렵게 결혼해서 쉽게 이혼하는 시대다. 결혼생활의 신뢰 기반을 약화시키는 이혼의 증가로 가정은 더욱 흔들리고 있다. 부부가 행복하게 살기 위해 결혼했는데, 더 이상 불행해지지 않기 위해서 이혼하겠다고 하는 사례도 있다. 한번 결혼하면 죽을 때까지 평생의 동반자로 생각하는 사람이 많지만, 결혼생활에도 가변성이 많다. 신혼여행 다녀와서 바로 이혼했다는 사례도 있다. 부부는 살아 움직이는 생명체와 같다. 따라서 항상 자생력을 가지고 변화에 적응할 필요가 있다. 결혼 전부터 배우자의 가변성을 인정하고, 상호 존중하면서 만남과 투자의 가치를 높여가야 한다.

결혼은 인류 발전과 행복한 삶의 권리요 의무다

결혼한 부부는 새로운 회사의 공동창업주와 같다. 회사가 생존하려면 생산적인 경제활동이 부단히 이루어져야 한다. 특히 본사가 건강해야 자회사나 계열사도 성장한다. 대가족 사회에서 누렸던 "규모의 이익"은 개인주의와 핵가족 구조에서는 한계가 있다. 의식주 비용 절감 효과가 줄어들고, 기능성 가구나 편의점, 외식문화가 가족구성원들의 역할을 대체하고 있기 때문이다. 상호 보완재가 완전 대체재로 전환되는 영향도 크다. 결혼생활은 가정경영의 동업자인 남편과 아내의 역할 분담이 중요하다. 결혼생활은 배우고 익히는 학문처럼 배우자에 대한 이해와 공부가 필요하다. 사회적으로 개인의 인권과 생활보장 시스템이 발전하고, 의식주 생활에 대한 물질문명이 발달하면서 개인적인 삶의 질 향상을 위해 노력하는 것은 바람직하다. 하지만 남성과 여성의 차이점과 한계를 존중하고, 신혼생활부터 건강한 양성평등 부부문화를 창출하고 정착하는 일이 더 중요하다. 결혼은 인류의 발전과 성장의 원동력이다. 부부는 인간의 탄생과 성장의 구심점이다. 결혼하여 부부가 되는 것은 인류 발전과 행복한 삶의 권리요 의무다.

연애와
결혼의
차이

연애는 개인적 행위지만, 결혼은 사회적 행위다

연애는 각자 다른 입장에서 서로를 향해 다가가면서 즐기는 개인적 행위다. 반면, 결혼은 같은 입장에서 따로 또 같이 생활하는 사회적 행위다. 연애는 의지요, 결혼은 현실이다. 연애는 각자가 마주보며 사랑을 나누는 것이고, 결혼은 부부가 같은 방향을 보며 함께 걸어가는 것이다. 서로 사랑해서 결혼하지만 앞으로 더 많은 사랑을 실천하기 위해서 결혼한다. 결혼은 당사자뿐만 아니라 양가의 결합이다. 결혼은 1+1이 아니라 3+3 이상이다. 남과 여의 단순한 연합이 아니라 가족구성원 상호 간에 융합하는 지혜가 필요하다. 결혼이 진행되는 과정을 보자. 당사자 간에 결혼에 대한 동의나 합의가 이루어지면 양가 부모를 개별 방문하여 사전 승인을 받고, 약혼식에서 양가 가족을 동시 접견하여 상견례를 한다. 약혼식에서 가족현황이 포함된 결혼생활 계약서를 작성하고 서명하여 각자 보관한다. 재산 현황과 건강검진 확인서도 필요하다. 결혼식을 통해서 당사자뿐만 아니라 양가 가족과 지인들에게 부부가 되었음을 선언하고 법적인 가족구성원으로 인정받기 때문에 결혼은 사회적 행위다.

연애와 결혼의 차이를 인정하자

연애는 개인과 개인의 관계여서 서로에 대한 권리와 의무감이 약하다. 결혼하면 부부로서 상호 부양과 협조, 동거 의무와 책임감이 강해진다. 그래서 연애기간에 친밀감, 신뢰감, 애정이 채워질 수 있도록 긍정적인 체험을 많이 하는 게 좋다. 결혼생활은 서로에 대한 기대감과 의존감이 다르기 때문에 현실을 있는 그대로 받아들이는 지혜가 필요하다. 결혼 후 부정적인 상황에 대한 문제 해결에 우선순위를 두고 생활하다 보면, 긍정적인 감정을 체험할 여유가 없어진다. 연애시절에 좋은 추억을 쌓는 것은 감정이라는 계좌에 잔액을 쌓는 것이다. 감정 계좌의 잔액이 많으면 결혼생활에 도움이 된다. 물론 연애기간에도 만남과 헤어짐을 반복하면서 서로의 입장 차이로 다툴 수 있다. 그러나 결혼을 위해 다시 만날 때는 헤어진 이유에 대해 풀고 넘어가는 게 좋다. 응어리가 있는 상태에서 어쩔 수 없는 만남이 이어지면 결혼생활에서도 갈등이 이어진다. 사소하게 누적된 감정들이 결혼 후에 과민반응으로 나타날 수 있다. 갈등이나 문제 상황에 직면해서 대화로 극복하는 방법을 연애시절부터 당사자가 함께 공유한다면 행복한 결혼생활의 지름길을 찾아갈 수 있다.

결혼하면 권리는 반으로 줄고, 의무는 두 배로 증가한다

혼자 살 때는 하고 싶은 대로 하고 마음대로 결정할 수 있다. 그러나 부부가 되면 함께 생각하고 더불어 살아야 하기 때문에 일상생활에 대한 권리는 축소될 수밖에 없다. 남성들은 남편과 사위의 역할에 대한 의무가 늘어나고, 여성들은 아내와 며느리의 역할에 대한 의무가 추가되기 때문에 그 의무가 두 배로 증가할 수밖에 없다. 자녀를 출산하면 아빠 엄마가 지녀야 할 책임감이 더해져 혼자 생활할 때보다 최소한 3배 이상으로 늘어나는 것이다. 그러나 슬픔을 함께 나누면 반으로 줄고, 기쁨을 함께 나누면 두 배로 커진다는 말처럼, 혼자 사는 것보다 함께 사는 것이 더 큰 의미가 있다. 남성들과 여성들 사이에는 결혼생활에 대한 인식의 차이도 크다. 남성들은 대체로 원가족의 연장전처럼 느끼지만, 여성들은 원가족이 오픈 게임이고 결혼생활이 본게임이라고 생각하는 경우가 많다. 그래서 남편들은 경력사원, 아내들은 신입사원이 된다. 아내들은 매뉴얼도 없이 신입사원 역할을 해야 하니 어렵고 힘들다. 또한 신혼생활이나 임신, 출산, 양육 과정에서 먼저 갈등을 체험하면서 역할 과부하 상태가 된다.

결혼 후 태도의 변화를 이해하자

연애시절에 당신 없이는 못 살겠다며, 헤어지기 싫어서 함께 살자고 쫓아다녔던 사람이 결혼생활이 진행되면서 당신 때문에 숨 막혀 죽겠다고 돌변하는 경우도 많다. 연애시절 '너만 있으면 돼'라고 했던 사람이 결혼생활이 얼마 되지도 않아서 '너만 없으면 돼'라고 경멸한다. 연애 때는 성격차이가 좋아 배우자로 선택했는데, 결혼 후엔 성격차이로 인한 갈등 상황이 반복된다. 각자 입장에서 참고 삭이면서 스트레스, 짜증, 욕구불만 등으로 부정적인 감정이 많아지고, 긍정적인 감정이 소진되어 남보다 못한 것처럼 느껴질 수도 있다. 갈등이나 문제 상황에 직면했을 때 대화로 해결하는 방법이 부족하면 악순환이 빨라지고 부정적인 감정도 더욱 증폭된다. 갈등 상황에서 막말이나 폭력행위가 악순환하면 자학과 가해행위가 반복되어 자살이나 살인으로까지 연결될 수 있다. 부부가 되면 새로운 역할과 책임이 늘어나기 때문에 우선순위를 재조정하는 과정에서 태도가 달라지는 것은 자연스러운 일이다. 세상의 반은 여자, 반은 남자다. 우주는 음과 양의 조화로 구성된다. 남성과 여성이 연애와 결혼 과정을 통해 부부가 된다. 부부는 새로운 가정의 출발점이다. 해와 달이 우주를 빛나게 하는 것처럼 부부는 인간 세상을 빛나게 한다. 요람에서 무덤까지 음과 양, 조화의 상징인 부부가 행복해야 세상이 밝아진다.

배우자
선택의
중요성

배우자 선택기준이 달라지고 있다

2018년 4월 한국보건사회연구원 "배우자 간 사회 경제적 격차 변화와 저출산 대응 방안 보고서" 자료를 보면 1970년부터 2015년까지 인구주택총조사의 표본자료를 활용해 혼인유형을 분석한 결과, 남녀의 교육수준이 같은 동질혼은 58.1%에서 78.5%로 증가하고, 교육수준이 다른 이질혼은 41.9%에서 21.5%로 감소했다. 특히 여성의 입장에서 앙혼은 41%에서 11%로 크게 줄고, 강혼은 0.9%에서 10.5%로 늘었다. 여성이 자신보다 학력이 높은 남성과 결혼하는 일이 최근 35년간 10명 중 4명에서 1명으로 감소했다는 것이다. 또한 동갑부부는 12%에서 21.5%로 연상연하 커플도 9%에서 17.1%로 증가하는 등 시대 흐름에 따라 배우자 선택기준도 달라지고 있다.

첫인상은 결혼생활의 바로미터다

'첫눈에 반해 결혼했다'고 고백하는 사람이 많다. 첫인상의 느낌이 그만큼 소중하다. 배우자에 대한 첫인상이 긍정적인 사람들은 위기가 닥쳤을 때 쉽게 포기하지 않고 관계 개선을 위해 노력하지만, 부정적인 사람들은 쉽게 포기하는 경우가 많다. 배우자 선택 과정에서 첫인상을 있는 그대로 진솔하게 주고받는 것이 중요하다. 연애 과정에서부터 자기 해석, 자기 판단을 하지 말고, 자신의 속마음을 1인칭으로 적절하게 고백하는 것이 필요하다. 상대방 첫인상에 대한 자신의 느낌이 결혼생활을 하면서 배우자를 판단하는 기준이 될 수 있다. 자기 감정을 그때그때 적절하게 표현할 수 있는 것은 자기건강성과 연결되어 있다. 자기표현이 적절하지 못하고 대화가 부족하면 오해와 갈등 상황에서 서로를 비난하고 공격하기 때문에 장점을 발견하기 어렵다. 지금 이 순간에 대한 자신의 느낌이나 생각에 초점을 맞추자. 대화를 통해 긍정적이든 부정적이든 첫인상에 대한 자신의 느낌이나 생각을 있는 그대로 주고받는 것이 바람직하다.

사전에 충분히 합의하고 상견례를 진행하자

배우자로 선택하여 결혼을 결정하기 전에 어린 시절의 상처나 가족사를 사전에 고백하는 편이 좋다. 부모나 형제자매 관계도 포장하지 말고 강점과 약점을 고백하는 것이 바람직하다. 사실을 고백하면 상대방이 헤어지자고 요구할까 봐 거짓말하거나 어설픈 속임수를 쓰면 그 후유증이 평생 괴롭힐 수 있다. 각자의 가족관계를 고백해서 헤어질 사이라면 그

때 헤어지는 편이 서로에게 좋다. 성장과정에서 상처가 없는 사람은 없다. 진실을 고백하고 진심이 공유되면 상처의 치유가 시작된다. 일단 결혼하고 보자는 조급한 심정으로 했던 거짓말이 탄로 나면 상대방은 신뢰감에 상처를 받고 배신감을 느끼게 된다. 결혼생활이 살얼음판처럼 불안해진다. 당사자가 결혼에 동의하면, 사전에 충분히 합의하고 상견례를 진행하자. 엉겁결에 양가 부모를 만나면 서로 당황할 수밖에 없다. 그러면 부모나 당사자도 그 후유증이 오래간다. 양가 사람들이 처음 만나는 상견례 과정에서 무심코 내뱉은 말 한마디 때문에 부부관계가 왜곡되고, 갈등이 생겨나서 가족 관계까지 단절되는 경우도 많다.

부부간에도 사생활은 필요하지만 비밀을 유지하기 어렵다

내가 상대방에 대해 잘 모른다고, 상대방도 나에 대해 잘 모를 것이라고 착각해서는 안 된다. 다른 가족들이 모른다고 아무도 모를 것이라고 착각하지 말자. 내가 알고 배우자가 알고, 하늘이 알고 땅이 아는데 어찌 비밀이 있겠는가? 내 몸과 마음속에 기억된 것은 의식적이거나 무의식적으로, 언어적으로 혹은 비언어적으로 언젠가는 반드시 표출된다. 차라리 서로를 위해 구체적으로 묻고, 터놓고 얘기하자. 흔히 비밀은 말하지 않는 것, 거짓말로 꾸며서 말하는 것이라고 한다. 하지만 부부 사이에서 비밀은 인정되지만, 거짓말은 절대 용납되지 않는 것이다. 부부상담 사례를 보면 연애할 때는 명품 브랜드처럼 대단하게 보였는데 결혼한 후 짝퉁 싸구려 같아서 실망했다고 고백하는 사례가 많다. 연애할 때는 자기 포장을 하면서 우선순위를 파트너에게 두고 배려해주다가, 결혼생활이 시작되면서 각자 자기중심의 이기적인 태도로 돌변해서 속았다고 배신감을 느끼는 경우도 있다. 짝퉁으로 오해받지 않기 위해서는 늦어도 결혼식 전에, 신랑 신부가 되기 전에 자기고백을 하고 많은 대화를 나누면서 서로에 대한 이해를 높이는 시간이 꼭 필요하다.

순간의 선택이 평생을 결정한다

순간의 선택이 평생을 결정한다는 말처럼 배우자 선택은 중요하다. 부부는 어떤 배우자를 어떻게 선택하느냐에 따라 삶이 달라진다. 성장과정에서 상처받은 이후의 왜곡된 감정이나 선입견을 품고 배우자를 선택하면, 그 배우자와의 결혼생활도 왜곡될 수밖에 없다. '혹 떼려다 혹 붙였다'고 고백하는 사례가 많다. 결혼생활 중에도 자기 통찰을 통해 배우자 선택 과정을 재점검해보고, 자기 사랑을 실천할 수 있는 자기고백이 필요하다. 결혼 당사자와 가족들은 상처받아 응어리진 왜곡된 생각이나 감정을 치유할 수 있도록 진솔한 마음으로 도움을 주고받을 수 있어야 한다. 자존감이나 자기건강성을 가지고 배우자를 선택하여 신혼 때부터 당당하게 열심히 살았던 부부는 위기상황에서도 회복탄력성이 높다. 이혼하더라도 다시 홀로서기를 하면서 자신의 삶을 건강하게 가꿀 수 있다. 사랑하면 눈이 멀어지는 것이 아니다. 더 깊이 보기 때문에 시야가 좁아질 뿐이다. 결혼하면 사랑하는 사람의 숨소리까지 들을 수 있고, 속마음까지 느낄 수 있다. 그래서 배우자 선택이 더욱 중요하다. 부부는 몸과 마음을 발가벗고 만날 수 있는 유일한 존재다.

부부가
뭐길래

얼마 전 부부상담을 받았던 부모가 아들 결혼식 주례를 의뢰한 적이 있다. 그 부모님은 부부가 뭔지도 모르고 결혼해서 30년 동안 힘들게 살았다. 아들 부부는 학교 선생님들이지만, 신혼생활 시작부터 시행착오를 줄이려면 결혼 전 상담과 교육이 꼭 필요하다면서 주례를 부탁하셨다. 그동안 수천 쌍의 부부갈등 조정상담을 하면서 느낀 점을 중심으로 행복한 부부, 건강한 가정을 가꾸기 위해 결혼생활의 디딤돌이 될 수 있는 소중한 몇 가지를 강조했다. 부모님과 같은 심정으로 신랑신부에게 당부한 주례사의 일부를 소개하면 다음과 같다.

첫째, 결혼생활은 부부가 중심이 되어야 한다

착한 아들과 착한 딸로 성장해서 착한 며느리, 착한 사위가 되는 것도 중요하지만, 행복한 부부가 되는 것이 더 중요하다. 좋은 아빠, 좋은 엄마가 되는 것보다도 먼저 좋은 남편, 좋은 아내가 되는 게 우선이다. 부부는 사랑과 신뢰를 바탕으로 정신적, 육체적, 경제적인 공동생활을 한다. 서로의 자아실현을 도와주고 행복을 추구해가는, 세상에서 단 하나밖에 없는, 가장 우선적이고 특별한 관계다. 가정 경영의 동업자인 부부가 행복하게 사는 것이 최고의 자녀 교육이요, 부모에게 효도하는 것이다.

둘째, 부부는 서로의 다름을 존중해 주어야 한다

사람은 누구나 성장과정, 성격, 가치관, 생활방식이 다를 수밖에 없다. 해와 달처럼 서로의 역할이 다를 뿐, 틀린 것은 아니다. 다르다는 것은 상대방을 인정하는 것이지만, 틀렸다는 것은 상대방을 부정하는 것이다. 부부상담 사례를 보면 신혼여행이나 첫날밤부터 갈등이 시작되었다고 고백하는 사람들이 많다. 연애시절은 명품처럼 대단하게 보였는데, 결혼해서 살다보니까 짝퉁 같아서 실망이 크다며 서로를 비난하기도 한다. 그래서 부부는 서로의 다름을 있는 그대로 이해하고 인정하면서, 존중하는 태도와 자세가 중요하다.

셋째, 부부는 대화와 소통의 기술이 필요하다

대화는 우리 몸의 혈액 순환처럼 중요하다. 피가 통하지 않으면 몸의 기능이 마비되듯이 대화가 중단된 부부는 무늬만 가족이다. 아무리 큰 문제도 대화로 작게 만들 수 있지만, 대화가 중단되면 작은 문제도 커질 수밖에 없다. 부부가 대화할 때는 대놓고 화를 내는 게 아니라 대화로 서로의 화를 풀어 주어야 한다. "나는 ~ 이래, 내 생각, 내 마음은 ~ 이렇게 하고 싶었는데, 그렇게 안 돼서 서운해, 속상해, 답답해"라고 1인칭으로 표현하는 것이 좋다. "당신 ~ 왜 그래, 당신 어떻게 그럴 수 있어"라고 2인칭으로 표현하면 대화하자는 게 아니라 싸우자는 것이 된다. 특히 부정적인 상황이나 감정을 표현할 때는 꼭 1인칭으로 자신의 느낌과 감정까지 적절하게 표현하는 것이 중요하다. 상대방의 말을 들을 때는 "그랬구나, 당신 마음이 그랬구나" 하고 맞장구쳐주고 공감해 주도록 하자. 서로의 속마음까지 허심탄회하게 주고받을 수 있는 1인칭 공감 대화가 중요하다.

행복한 가정을 가꾸는 것은 부부의 권리요 의무다

가정은 행복의 온상이요, 아이들은 그 행복의 열매라는 말이 있다. 나와 우리 가족의 미래는 다가오는 것이 아니라 만들어 가는 것이다. 결혼은 선택이다. 조건을 선택한 것이 아니라 사람을 선택한 것이기 때문에, 그 사람의 단점, 아픔, 부족한 부분까지 이미 선택한 것이다. 그래서 부부는 안전한 지지자로서, 상처의 치유와 성장의 동반자로서, 어떤 상황에서도 비난이나 공격의 대상이 되어서는 안 된다. 부부는 서로에게 판검사가 아니라 변호사가 되어야 한다. 판검사처럼 잘잘못만 따지는 배우자는 피곤해서 함께 살기 어렵다. 변호사는 실수했을지라도 그 사람 편에 서서 함께 고민하고, 같은 방향을 위해 함께 노력해주는 사람이다. 행복한 부부로서 건강한 가정을 가꾸기 위해서는 먼저 자신을 사랑하고, 자신을 소중하게 생각하는 것처럼 가족을 똑같이 소중하게 여기며 사랑해야 한다. 우리는 모두 행복한 삶을 즐길 수 있는 권리와 의무가 있기 때문이다.

　지금 이 순간, 이 자리에서 나부터라도 부부에 대한 개념과 정체성을 재인식하고, 결혼생활은 부부가 중심이 되어, 서로의 다름을 존중하자. 마음의 대화를 통해 행복한 가정을 가꾸는 것이 부부의 권리요 의무다. 부부가 행복하게 사는 것이 부모에게 효도하고, 자녀에게 물려줄 최고의 유산이라는 점을 깊이 명심하자. 해와 달이 지구를 빛나게 하듯이, 인간 세상의 빛은 부부라는 것을 다시 한번 강조한다.

부모와 분리되어
홀로서기가
필요하다

결혼하고 싶지 않은 이유와 속마음

얼마 전 30대 미혼 여성이 아빠를 경찰에 신고해야 하나, 말아야 하나 혼란스러워 친구의 추천을 받고 나를 찾아왔다. 어린 시절부터 엄마가 아빠에게 폭언과 폭행을 당해왔다. 그 여성 자신도 많이 당했다. 아빠의 외도 상대 여자를 엄마랑 찾아간 적도 있다. 어려서부터 외할머니 집에 맡겨지기도 했고 엄마는 가출까지 했다. 엄마가 부동산 투자 등 재테크를 해서 학원에 열심히 보내줬다. 부부싸움을 말리기도 했지만 자신도 떠밀려 당했다. 엄마가 폭력을 당하는 모습을 보고, 무섭고 불안하여 중학교 때 112에 신고했다. 하지만 아빠는 바로 귀가 조치되었다. 그 후에도 욕설과 폭력으로 더 괴롭힘을 당했다. 그런 부모가 싫어서 중학교 이후 친구들 집에서 많이 지냈다. 일방적인 아빠에게 대항도 해보았지만 더 심한 욕설과 폭력으로 되돌아왔다. 늘 역부족이었다.

간신히 대학을 졸업하고 유학을 떠났다. 2년 동안 부모랑 떨어져 산다는 것 자체가 행복이었다. 대기업 직원 자녀들을 돌봐주면서 용돈도 벌었다. 귀국 후 직장생활 하다가 부모님과 별거하면서 개인 과외를 하고 있었다. 그런데 며칠 전 엄마에게서 다급한 전화가 왔다. 만나보니 또 부부싸움을 하다가 엄마 눈 주변에 상처가 생긴 걸 발견했다. 바로 112에 신고하려다, 과거에 귀가 조치 이후 욕설과 폭력에 더 시달렸던 일이 생각나 경찰에 신고하기 전에 먼저 상담받고 결정하겠다고 용기를 내서 찾아온 것이다.

어린 시절 아빠가 엄마를 주먹으로 때려서 엄마 입술이 터진 것을 보고 불안하고 무서웠다. 하지만 아빠가 방학숙제도 해주고, 연필도 잘 깎아주고, 수영장에도 데려가서 함께 놀았던 좋은 기억도 있었다. 그래서 요즘은 부모 둘 다에게 양가감정이 느껴지고 불쌍하다. 평생 힘들게 맞고 살면서 고생한 엄마가 제일 불쌍하고, 요즘 가족에게 외면당하는 아빠도 불쌍하다. 그래서 자기는 결혼하고 싶지 않다고 했다. 아빠 같은 남자를 만날까 봐 싫고, 자신이 결혼해버리면 엄마가 혼자 아빠에게 당할 때 지켜줄 사람이 없으니 불안해서 결혼할 생각이 없다. 엄마는 할아버지가 일찍 돌아가셨다. 자기 결혼식 때 아빠가 없어 허전하고 슬펐기 때문에 이혼하라고 해도 참고 산다. 딸이 결혼할 때까지 이혼하지 않고 버티다가 결혼 후에 이혼하겠다고 말했다. 참고 삭이면서 힘들어하는 엄마 모습을 지켜보는 것이 더 힘들어 결혼하기 싫고, 결혼한다 해도 아이는 갖고 싶지 않다고 고백했다.

부모와 분리되어 홀로서기가 필요하다

위 사례자의 상담과정에서 아동학대와 가정폭력의 후유증이 그대로 느껴졌다. 모녀지간에도 피해의식이 깔려 있고, 자신보다 상대방 입장을 배려해주는 마음이 동병상련처럼 연결되어 있었다. 자신보다 엄마가 더 소중하다는 왜곡된 신념을 버리게 했다. 부모도 중요하지만 자신이 더 소중하다는 사실을 재인식하도록 도와주었다. 자신의 감정 흐름에 따라 왜곡된 부정적인 생각이나 감정들을 긍정적으로 바꾸도록 도와주었다. 아빠가 싫은 것이 아니라 아빠의 폭력행위가 싫다는 것을 단호하게 표현하고 중단하지 않으면 경찰의 도움을 받아서라도 위기를 극복해야 한다는 점을 강조하였다. 부모의 결혼생활에 대한 부정적인 역할모델과 상처받은 이후에 결과적으로 왜곡된 선입견과 편견이 자신과 가족에게 어떤 영향을 주었는지 함께 통찰해보았다. 그동안 왜곡되었던 결혼관이나 삶의 방향을 재점검했다. 지금부터라도 자신의 소중함을 깨닫고 우선순위를 재조정해서 당당하고 여유롭게 사는 데 동의했다. 상담을 마무리하면서, 성인이 되어 결혼을 준비하는 과정에서 부모로부터 분리된 홀로서기가 중요하다는 것을 강조하였다. 상담 후 설문지 항목의 [매우 만족]란에 체크해놓고 나가는 뒷모습에 새로운 힘과 의지가 느껴졌다.

모든 개인은 폭력을 행사당하지 않을 권리와 의무가 있다

어떤 경우에도 폭력은 용납되어서는 안 된다. 내 재산을 도둑질당하지 않고 지켜야 하는 것처럼, 건강하고 행복한 삶을 살아갈 권리와 의무가 있다. 치유되지 않은 어린 시절의 상처와 왜곡된 신념이 가정폭력을 확대·재생산한다. 남녀 모두 가정폭력의 당사자가 될 수 있다. 누구나 가정폭력의 피해자이면서 가해자가 될 수 있다는 사실을 인정하자. 그러고 나서 더 이상 피해자도, 가해자도 되지 않도록 지혜를 모아야 한다. 자존감을 회복하고 회복탄력성을 강화함으로써, 성인의 권리와 의무를 다할 수 있도록 지혜를 모아 실천해야 한다. 남성과 여성을 이분법적으로 분류한 뒤에 여성은 일방적인 피해자나 권리자로, 남성은 일방적인 가해자나 의무자로 두고 해결방법을 찾는다면 문제 해결에 한계가 있다. 남녀 이분법적인 태도는 그 활동의 목적이 달성되어도 절반의 성공에 머문다.

모든 개인의 자유는 타인의 자유가 시작되는 곳에서 멈춰야 한다

요즘 데이트폭력 및 가정폭력 관련 사건들을 보면서, 자신의 이익을 위해 상대방은 죽어도 좋다는 극단적인 이기주의자가 늘어나는 것 같아 가슴이 아프다. 민주주의는 이기주의가 아니라 개인주의를 전제로 한다. 개인주의는 내가 소중한 것만큼 상대방도 똑같이 소중하다는 사실을 인정하는 것이다. 가정폭력의 근원을 분석해보면, 가부장적인 남성중심의 가족문화에서 양성평등과 부부중심의 가족문화로 발전하는 과정에서 왜곡된 언행으로 인해 폭력상황이 발생하는 경우가 많았다. 가정폭력 문제를 해결하는 데 있어서 여성주의와 성인지적 관점을 존중하고, 피해자 보호에 최우선적인 관심을 가지고 적정한 대책이 이루어져야 한다. 모든 개인의 자유는 타인의 자유가 시작되는 곳에서 멈춰야 하는 것처럼, 서로의 한계를 인정하고 상호 존중하는 태도가 결혼생활의 첫걸음이다.

배우자를 선택하고 결혼하기 전 확인할 사항

1. 나는 진정한 삶의 동반자로서 배우자와 함께 행복한 삶을 실천하기 위해
   노력할 준비가 되어 있는가?

2. 개인의 목적 달성을 위해 배우자를 일방적으로 선택하거나, 배우자를 생활의
   수단으로 도구처럼 이용하려는 의도는 없는가?

3. 자신의 성장과정이나 원가족의 분위기가 싫어서 돌파구가 필요해 도망치듯이
   빠져나오는 것은 아닌가?

4. 자기 자신을 있는 그대로 사랑하고, 배우자를 조건이나 역할자가 아닌 있는
   그대로의 존재를 수용하고, 사랑을 실천할 준비가 되어 있는가?

5. 양가 가족관계와 관련된 가족문화에 대해 동질성을 공유하고, 이질감을
   극복할 수 있는 태도와 에너지가 준비되어 있는가?

6. 부부에 대한 개념이나 정체성을 이해하고, 나와 배우자의 역할인지, 역할수행,
   역할갈등의 패턴이 충돌할 때 대화로써 당사자가 함께 해결할 준비가 되어
   있는가?

신혼생활의

단맛과 쓴맛

결혼식보다
결혼생활의 준비가
더 중요하다

결혼식은 생애 최고의 이벤트다

신랑 신부가 최고의 날을 선택하여 사랑과 행복의 전당인 예식장에서 양가 가족과 하객을 모시고, 혼인 서약을 하면서 부부가 되었음을 선언하는 것이다. 주인공인 신랑 신부는 물론 양가 가족들을 비롯한 모든 하객이 최고의 축제를 즐기는 날이다. 사회자의 개식 선언과 진행 순서에 따라 주례 선생님이 임석하고, 양가 모친께서 자녀들의 앞날이 밝고 아름답게 밝혀지기를 기대하면서 음양의 조화를 기원하며 화촉점화를 밝히고, 휘황찬란한 샹들리에의 조명을 받으며 신랑 신부가 입장한다. 주인공인 신랑 신부가 입장을 마친 후 양성평등과 상호 존중의 맞절을 한다. 이어서 검은머리 파뿌리 되도록 서로 위해주고 아껴주며 생사고락을 함께하겠다는 혼인서약을 한 다음 성혼을 선언한다. 주례 선생님을 통해 결혼생활에 도움이 되는 말씀을 듣는다. 양가 부모님의 당부 말씀과 함게 인사를 나눈다. 신랑 신부 친구들의 축가나 재치 있고 즐거운 이벤트가 다양하게 진행된다. 신랑 신부를 낳으실 때의 괴로움은 모두 다 잊으시고, 기르실 때 밤낮으로 애써주신 양가 부모님의 은혜에 감사의 큰절을 올린다. 결혼식을 함께 축하해주신 하객들에게도 감사의 인사를 올린 다음, 하객들의 힘찬 박수와 함께 행진을 시작하면서 부부로서 첫걸음을 뗀다. 결혼식의 아름답고 행복한 순간을 영원히 기억하기 위해 기념촬영을 하고, 참석자들의 축복 속에 다과와 음식을 나누며 피로연이 마무리된다. 신랑신부는 신혼여행지로 출발한다.

신혼여행은 꿀맛처럼 달콤한 추억이 많아야 한다

신혼여행은 두 사람이 하나 된 마음으로 세상의 어떤 것보다 우선적으로 존중받고 싶은 기대감이 최고조에 달한 여행이다. 최고의 여행이 될 수 있도록 공식적으로 보장받은 휴가를 최대한 즐기는 것이 좋다. 첫날밤의 추억도 중요하다. 결혼식의 긴장이 풀리고 피곤하다면서 낯선 곳에서 초야를 외면하거나 소홀히 하면 평생 후회할 수도 있다. 단체 여행으로 출발했더라도 항상 배우자에게 초점을 맞춰 함께 즐길 수 있어야 한다. 부부상담 사례를 보면 신혼여행부터 싸움이 시작되었다고 고백하는 사람들이 의외로 많았다. 처음 가본 곳이나 해외 여행지에서 혼자인 것처럼 외롭게 방치된 것 같아서 실망스럽고 원망스러웠다는 것이다. 서로에게 가장 우선적으로 존중받고 싶고, 부부가 함께 맛있고 멋있는 추억을 만들고 싶지만 서로가 초행길이기 때문에 서툴 수밖에 없는 현실적인 한계도 인정하자. 신혼여행을 어떻게 준비하고 계획해서 어떻게 실천하였는가가 신혼생활 패턴의 척도가 될 수 있다.

결혼식보다 결혼생활 준비가 더 중요하다

신혼부부는 서로에게 잘 보이고 싶고, 더 잘하고 싶은 기대감이 큰데 신혼살림이나 공동생활에 대한 준비가 부족하고 미숙해서 실수가 잦을 수밖에 없다. 대부분 혼수 장만이나 결혼식, 신혼여행 준비까지는 서로 노력하면서도 정작 실제 결혼생활에 대한 준비는 부족하다. 아침을 어떻게 준비하고, 주간 생활에 대한 역할분담을 어떻게 할 것인지, 저녁 시간을 어떻게 보냈으면 좋겠는지에 대한 구체적인 합의가 없으면 서로 미루거나 마지못해서 행동하다가 실수하거나 다툼이 발생하는 경우도 많다. 연애시절의 포장된 이미지를 유지하기 위한 노력도 일상생활 속에서 역할 과부하 상태에서는 서로에게 버겁다. 공동생활에는 사전 계획이나 역할분담이 중요한데 새로운 역할에 대한 분담기준이나 영역의 한계가 불분명하면 갈등의 소지가 많다. 특히 결혼생활은 두 당사자뿐만 아니라 양가 가족이 함께 연결되어 있기 때문에 부담스럽다. 때로는 과잉 베풀기 때문에 오해나 실수가 자주 일어난다. 신혼생활이 시작되면서 임신, 출산, 양육 등을 경험한다. 양가 가족관계나 결혼생활의 주기마다 역할의 우선순위가 다르고, 각자의 역할분담도 차이가 크다는 것을 꼭 알아야 한다.

결혼기념일은 부부의 공동 생일이다

결혼식은 결혼생활의 축소판이다. 결혼식 날 상호존중의 예식이 진행된 것처럼 건강하고 행복한 결혼생활이 이어질 수 있도록, 당사자는 물론 양가 가족들의 관심과 사랑이 늘 필요하다. 날마다 처음 만났던 순간이나 결혼식 날처럼 서로 위해 주고 아껴 주면서 가족과 함께 즐겁게 생활하려는 태도 자세가 중요하다. 결혼기념일은 부부의 공동 생일이다. 부부가 새롭게 탄생한 순간을 매년 기념일로 정해 다양한 이벤트를 즐기는 것은 동서고금의 오랜 전통이다. 해마다 결혼기념일에 다양한 이벤트를 실천하면서 주례선생님을 찾아뵙거나 초심을 지키려고 노력하는 커플들이 많다. 결혼식장에 가서 가족 커플 사진을 찍으며 사랑의 편지를 나누고, 결혼생활을 점검하면서 선물을 주고받는 사례도 있다. 부부로서 가장 소중한 날은 부부의 생일인 결혼기념일이다.

부부는 인류의 꽃이다

인류는 부부의, 부부에 의한, 부부를 위한, 부부와 함께 성장한다. 부부는 결혼생활의 당사자로서 인류의 어머니요 주인공이다. 건강하고 행복한 파트너를 만나 결혼하는 것은 밝고 건강한 우주와 만나는 것이다. 그래서 결혼생활을 이해하는 것은 우주를 이해하는 것처럼 쉽지 않다. 결혼은 나와 너의 만남, 가족과 가족의 만남도 되지만 소우주인 인간과 인간의 결합도 된다. 따라서 남녀의 결혼은 사람과 우주의 만남과도 같다. 부부는 작품이면서 작가다. 부모에 의해 만들어진 작품이면서 스스로 작가가 되어 자신의 삶을 가꾸고, 자녀를 출산하여 또 다른 작품을 만들어 가는 작가다. 부부는 행복의 씨앗이요, 자녀는 그 행복의 열매다. 부부는 정신적으로, 육체적으로, 경제적으로 삶의 에너지를 창출하는 공동생명체다. 결혼생활은 부부를 중심으로 한 가족관계를 통해 생로병사의 과정을 체험하면서 인간으로서의 삶을 성장시킨다. 인간이 산소 호흡을 하는 것처럼 부부는 많은 사람과 상호작용을 하면서 자연과 세상과 호흡하는 능력을 키워가야 한다. 부부는 사랑과 평화와 행복의 상징이기 때문이다. 부부는 인간의 생명을 탄생시키고 성장시키는 인류 발전의 씨앗이요 꽃이다.

신혼생활은
초보운전과
같다

신혼생활은 초보운전과 같다

하루하루 모든 것이 새롭고 처음이다. 연애시절에는 두 대의 자동차로 각자 운행하다가 결혼을 하면 한 대의 자동차로 여행하는 것처럼 일상 생활을 통제받는다. 결혼생활은 부부가 집은 하나고 차는 두 대인 것처럼 살아야 한다. 다른 자동차와 경주하면서 사고 예방을 위한 안전수칙이 필요하다. 교통 상황에 따라 운전수칙이 다른 것처럼, 부부생활의 수칙도 필요하다. 신혼 때부터 부부가 중심이 되어 가족생활 규칙을 만들자. 양가 가족에게 설명하여 서로에게 침해당하지 않도록 각자 협조를 구하자. 사전에 충분한 대화와 합의를 통해 다음과 같은 부부수칙을 만들어 활용하면 시행착오를 최소화하고 극단적인 갈등을 피할 수 있다.

신혼부부 생활수칙

- 원가족으로부터 분리하여 부부중심으로 독립적인 생활을 하자.
- 양가 가족에 대한 대칭성과 보완성을 상호 존중하자.
- 부부갈등이나 문제 상황에서 해결이 어려울 때 양가 가족의 개입을 최소화하고 전문가의 도움을 받자.
- 자신의 한계를 인정하고 상대방의 한계도 존중하면서 너무 조급하게 혼자 해결하려고 하지 말자.
- 실수에 대해 즉시 사과하고, 상처받은 감정이 치유될 수 있도록 1인칭 공감대화 방법을 배워 실천하자.
- 상대방이 고쳐지기를 기대하지 말고, 내가 참고 맞추겠다고 선언하지 말고, 서로의 차이와 다름을 존중하자.
- 상대방을 비난하거나 공격하지 말고, 자기 생각이나 감정, 즉 자기 입장을 적절하게 표현하자.
- 가정폭력이나 반복적인 실수는 범죄행위라는 것을 인정하자.
- 포기하지 말자. 인정할 것은 서로 인정하면서 싸우지 말고 대화로 해결하자.

자전거 세대와 자가용 세대는 다르다

자전거 세대는 베이비붐 세대다. 가부장적인 일방통행이 일부 허용되었다. 자전거 세대는 어린 시절 아빠 자전거 뒤에 타고 가면서 멈출까 봐, 넘어질까 봐 조마조마한 마음으로 불안감을 체험했다. 앞만 보고 달렸던 아버지들처럼 열심히 페달을 밟아야 넘어지지 않는다는 신념을 가지고 있다. 그래서 비가 오나 눈이 오나 그냥 앞만 보고 달려야 한다는 강박관 념에 사로잡혀 있는 경우가 많다. 자가용 세대는 어린 시절 아빠 자가용 을 타고 다닌 세대다. 차가 잠시 멈춰도 안 넘어지고, 오히려 즐길 수 있 다는 것을 체험했다. 운전하는 동안에 뒷좌석에서 게임하면서 수다 떨고 즐겨도 된다. 멈추면 넘어질 수 있다는 부모 중심의 자전거 세대와, 멈춰 도 넘어지지 않고 즐길 수 있다는 자녀 중심의 자가용 세대는 다를 수밖 에 없다. 부부나 가족에 대한 생각 버전이나 감정 용량도 다르다. 멈추 면 넘어질까 봐 앞만 보고 달려왔던 중년 이후의 부모들이 요즘 역할과 부하 상태에서 힘들다고 하소연하는 사례가 많다. 특히 자녀들과 갈등을 겪으면서 인생을 바보처럼 살아온 것 같다고 고백하며 눈물을 흘리는 경우도 많아 안타깝다.

　삶이란 단 한 번 지나갈 수밖에 없는 긴 여행이다. 부부는 가정 경영 의 동업자로서, 가족 동반 탑승차량의 운전수가 된다. 자가용세대인 신 혼부부들은 마이카시대, 각자의 차량운전에 익숙해졌기 때문에 결혼을 하면 서로 먼저 운전대를 잡으려고 한다. 운전석과 조수석은 부부 지정 석이다. 배우자 허락 없이 다른 이성이 착석하면 외도로 의심받을 수 있 다. 신혼여행이나 신혼 생활에서부터 양가 부모세대와 차이가 클 수밖에 없다는 사실을 인정하고, 결혼생활의 단맛을 즐기면서 쓴맛을 극복할 수 있는 지혜가 필요하다.

부부는 서로의 행복 내비게이션이다

부부는 운전규칙을 준수하면서 서로에게 행복 내비게이션이 되어야 한다. 운전자는 교통 법규를 준수하면서 내비게이션을 적절하게 활용하여 목적지까지 안전하게 운행할 책임과 의무가 있다. 결혼생활은 자동차 여행과 같다. 여행 중에 코스를 선택하거나 시간과 장소 등의 우선순위를 결정할 때는 동반자로서의 협조 체제를 유지하면서 충분한 대화를 나누어야 한다. 모든 사람에게는 각자에게 주어진 길이 있다. 내비게이션은 운전자가 길을 잘 못 찾아 실수했을지라도 잔소리하지 않고, 바로 그 지점에서부터 목적지로 다시 출발할 수 있도록 길을 안내해 준다. 신혼생활의 시행착오는 있을 수밖에 없다. 부부는 서로의 부족한 부분을 채워주고 도와가면서 삶의 목표를 달성해가는 지혜가 필요하다.

유교의 삼강오륜과 같은 수직적인 위계질서를 강요하는 것은 과거 왜곡된 가족문화에서나 가능했다. 똑같은 시간은 반복되지 않는다. 똑같은 사람 없고, 똑같은 행동을 반복하기도 어렵다. 시대 흐름이나 도로 사정에 따라 교통규칙도 달라진다. 그 규칙을 준수하지 않으면 과태료나 벌금이 부과되고, 중대한 규정 위반이나 대형사고가 나면 구속을 피할 수 없다. 부부생활 규칙도 시대 흐름이나 가족 관계에 따라 달라질 수밖에 없다. 부부는 신혼 때부터 서로에게 행복 내비게이션이 되어주고, 그런 역할이 날이 갈수록 강화되기를 간절히 희망한다.

아빠,
나
이혼할래

"어느 날 딸에게서 문자가 왔다. 1년 전에 결혼식을 하고 근처에서 신혼 생활을 잘하고 있는 줄 알았는데, 갑자기 "아빠, 나 이혼할 거야"라는 카톡이 온 것이다. 정말 당황스러웠다. 딸에게서 제일 듣고 싶지 않은 말이었기 때문이다. 너무 충격을 받아 잠시 멍해졌다가 마음을 진정시킨 다음 딸에게 전화를 걸었다. 신호는 가는데 녹음으로 넘어갈 때까지 전화를 받지 않았다. 3분 간격으로 다섯 번 이상 전화를 받지 않더니 전원이 꺼져 버렸다. 주섬주섬 옷을 갈아입고 딸네 집을 방문했다. 그러나 현관은 굳게 잠겨 있고, 문을 열어주지 않았다. 불안하고 조급한 마음으로 계속 문을 두드렸으나 반응이 없었다. 주변을 서성거리다 발길을 돌리면서 생각에 잠겼다. 딸의 태도를 생각하면 괘씸하기도 하고 화도 났지만, 미안한 마음이 더 크게 느껴졌다. 딸이 어렸을 때 부부싸움을 많이 한 것을 후회했다. 좀 더 따뜻하고 다정다감한 아빠가 되어주지 못하고 부부갈등으로 상처를 많이 준 것 같아 너무 가슴이 아팠다. 좋아하지도 않은 술을 먹고 집에 돌아왔다. 10년 전부터 이혼한 후 혼자 살면서 딸 부부만큼은 누구보다도 행복하게 잘 살길 바랐는데. 청천벽력 같았다. 우린 양가 가족 문제로 이혼까지 했기 때문에 결혼하면 부모와 단절하고, 부부가 중심이 되어 신혼생활부터 독립적으로 살라는 뜻에서 결혼식 이후 전화도 거의 하지 않았고, 신혼생활에 개입하지 않으려고 노력했다. 그런데 혼인신고에 잉크도 마르지 않은 1년 만에 이혼한다는 통보를 받다니! 땅이 꺼진 것처럼 막막했다. 이혼의 아픔과 후유증을 감당하기 어려워 식음을 전폐하고 자살까지 시도했던 사람으로서, 하늘이 무너지는 것 같은 느낌이다"라고 고백하던 내담자의 모습이 지금도 생생하다.

그 내담자는 학교 동문이었다. "며칠 후 딸과 연락이 되어 자초지종을 들어봤다. 딸은 엄마처럼 살고 싶지 않아서, 배우자를 아빠와는 다른 사람을 선택했다. 그런데 함께 살아보니까 아빠의 장점은 하나도 느낄 수 없고, 단점만 모두 모아 놓은 사람 같고, 자기랑 맞는 게 하나도 없어 도저히 살 수 없다고 했다. 혹 떼려다 혹 붙인 격으로 매일 다투고 싸움하느라 이제는 더 이상 버틸 수 없을 정도로 지쳤단다. 대기업 해외지점장으로 근무하다 명예퇴직 당하고 협력업체 이사로 근무했는데, 회사 사정이 좋지 않아 지난주에 사표를 내고 백수가 된 상태였다. 이렇게 개인적으로도 힘든데, 엎친 데 덮친 격으로 딸이 이혼하겠다고 집에 와 있어서 정말 괴롭고 스트레스가 많다"고 고백했다.

나도 그 친구와 이야기를 나누면서 지나온 과거의 영상들이 주마등처럼 떠올랐다. 전후 베이비붐 세대로 태어나 부부가 뭔지, 가족에 대한 우선순위가 뭔지도 모르고 살았었다. 어린 시절엔 먹을 것이 없어 굶주렸지만 부모를 원망할 겨를이 없었다. 보리밥도 제대로 챙겨 먹지 못하고, 쌀이 없어 빈 도시락만 학교에 가지고 가서 배급해 준 강냉이죽과 빵 한 조각으로 끼니를 해결했다. 초등학교 시절 미술 시간에는 스케치북 살 돈이 없었고, 조각난 크레파스를 빌려 반공 포스터 대회에 참석했다. 몽당연필을 깎아 쓰며 "무찌르자 공산당, 때려잡자 김일성"이란 작품으로 연필과 공책을 상품으로 받으면서 흐뭇했던 기억이 생생하다. 나의 부모님은 일제강점기에 농촌에서 태어났다. 정규 학교교육을 제대로 받지 못했지만 6·25전쟁을 경험하면서 목숨이 붙어 있는 것만으로도 다행이라고 생각하셨다. 부모님들은 나의 어린 시절보다 더 배고프고, 더 힘들게 살았기 때문에 내가 외롭고 힘들었어도 원망할 수 없었다. 이제 환갑을 맞이한 중년 남성으로서 누굴 탓하고 누굴 원망하겠는가? 오랜만에 만난 학교 동창 친구와 함께 서로의 결혼생활과 가족관계에 대해 시간가는 줄 모르고 밤새도록 이야기를 나누었다.

친구 딸의 사례처럼 요즘 신혼부부들을 보면, 부모의 결혼생활에 대한 부정적인 역할 모델에 따라 자기 판단으로만 배우자 선택을 고집하여 결혼생활의 시행착오를 많이 한다. 특히 이혼 당사자의 사례를 보면, 가해자 입장이든 피해자 입장이든 자신을 더 이상 힘들게 하고 싶지 않다며 상대방에게 이혼을 요구한다. 지나치게 자기중심적인 사람들이 먼저 이혼을 주장하는 경우가 많다. 이혼을 요구하는 사람 못지않게 이혼을 당하는 사람도 이유가 있다. 대부분 자존감이나 자기건강성이 약한 사람이다. 자기 자신에 대한 사랑이나 마음 관리를 소홀히 했던 사람들이다. 이혼을 당한 사람 중에는 귀책사유를 인정한 사람들도 있다. 그러나 많은 사람들이 자신의 삶보다 가족을 우선시했고, 희생당하며 살아서 억울하다고 호소한다. 그들은 자존감이 약하기 때문에 회복탄력성도 낮아서, 자살이나 살인 등의 극단적인 행동을 하는 경우도 있다. 또한 그들은 "나는 참 바보처럼 살았다, 내가 없이 살았다, 나는 나를 지나쳐 살아왔다, 세상의 심부름꾼처럼 역할자로서만 상황에 순응하며 살았다, 자기 주도적인 삶이 뭔지도 모르고, 그저 참고 삭이면서 성실하게 열심히 상황에 적응하면 행복한 날이 올 줄 알고 살았다"고 고백하는 사례가 많다.

결혼하기는 쉽지 않지만 이혼하기는 더 어렵다는 말이 있다. 이혼이 꼭 나쁜 것만은 아니다. 그러나 이혼 과정에서 당사자뿐만 아니라 가까운 가족들도 많은 상처를 주고받는다. 만남의 의미만큼이나 새로운 헤어짐의 과정에서 상처와 후유증을 최소화하는 것은 누구나 바라는 일이다. 결혼생활을 하면서 가족관계에 대한 고통스러운 감정에서 벗어나고 싶은 것과 편안해지는 것은 다르다. 진정으로 편안해지려면 안정감, 친밀감, 행복감 등이 느껴져야 한다. 많은 사람들이 지옥 같은 가족관계나 상황에서 벗어나기만 하면 편안해질 것으로 착각하며 시행착오를 반복한다. 이혼한 이후에도 문제의 핵심을 깨닫지 못하고, 어둠속을 헤매는 것처럼 방황하다가 아쉬움, 외로움, 슬픔, 억울함 때문에 또 다른 부정적인 감정에 사로잡혀 불안한 생활을 반복하는 경우도 많다. 요즘은 이혼보다 별거나 졸혼을 선택하는 사례도 늘어나고 있다. 사람은 감정의 동물이라 하지만, 감정의 노예가 되어서는 안 된다. 부부생활에 정답은 없다. 그러나 해답을 함께 찾아가는 지혜가 꼭 필요하다.

차이와 차별,
다름과 틀림

차이와 차별 이해

세계인권선언문 제2조 모든 인간은 인종, 피부색, 성, 언어, 종교, 정치 또는 그 밖의 견해, 민족 또는 사회적 출신, 재산, 출생 또는 다른 지위 등과 같은 그 어떤 종류의 구별도 없이, 이 선언에 제시된 모든 권리와 자유를 누릴 자격이 있다. 그리고, 제7조 모든 인간은 법 앞에 평등하며, 어떠한 차별도 받지 않고 법의 동등한 보호를 받을 권리를 갖는다고 명시되어 있다.

결혼생활 중에도 서로의 차이를 존중받지 못하고 차별을 받는다고 느끼면 부부싸움이 시작된다. 부부싸움은 만병의 근원이다. 부부갈등으로 차별받은 당사자들은 자학과 가해행위를 반복한다. 자녀들의 왜곡된 삶이 시작된다. 배우자에게서 공주 대접을 받고 싶으면 먼저 배우자를 왕자로 대접해줘야 한다. 배우자를 종이나 노예 같은 수단으로 생각하면, 자신도 종이나 노예 같은 도구로 전락할 수밖에 없다. 부모나 배우자에 대한 부정은 자기 자신에 대한 부정과 같다. 배우자를 비난, 무시, 공격하는 것은 자신을 비난, 무시, 공격하는 것이다. 누구도 차별하거나 비난할 자격은 없다. 배우자를 긍정하는 것은 자기 자신을 긍정하는 것이다. 배우자를 칭찬, 인정, 존중, 배려하는 것은 자신을 칭찬, 인정, 존중, 배려하는 것과 같다. 배우자가 아무리 부정적인 행동을 했을지라도 부정적으로만 매도하면 결과는 더 악화할 수밖에 없다. 부정적인 행동이나 표현은 수정을 요구하되, 감정적인 느낌이나 인격은 존중해주어야 한다. 부부가 서로의 차이를 존중하고 진정성 있게 함께 노력하면 해결되지 않는 문제는 없다.

차이와 다름, 다름과 틀림을 이해하자

부부라 할지라도 관점의 차이는 크다. 해가 동쪽에서 떠올라 서쪽으로 진다는 것도 관점에 따라 표현방법이 달라진다. 실체적 진실은 지구가 태양을 중심으로 돌고 있다는 것이다. 지구인 입장에서 해가 보이는 방향이 동쪽에서 서쪽으로 이동하는 것이지 실제로 해가 이동하는 것은 아니다. 우주의 관점에서 지구는 한 점에 불과하다. 티끌만한 한 점에서 전쟁을 일으키고 가족싸움을 한다는 것이 무슨 의미가 있을까. 한 점에 갇혀서 서로의 차이와 다름을 존중하지 못하고, 싸우는 모습들을 우주 공간에서 내려다보면 어떻게 느껴질까? 지구인은 잘 살아봤자 100년을 머물다 사라진다. 이러한 육신의 한계를 얼마나 인지하고 인정해야 할까? 부부는 해와 달처럼 인간 세상의 빛이다. 어둠은 빛을 이해하기 어렵고, 빛은 어둠을 이해하는 데 한계가 있다. 어느 날 해와 달이 아래와 같이 말싸움을 했다고 한다.

달이 말했다. "사람들은 언제나 잠만 자더라."

그러자 해가 반박했다. "아니야, 사람들은 언제나 바쁘게 움직여."

달이 말했다. "그럼 왜 땅이 그리 조용해?"

해가 다시 말했다. "내가 보기엔 언제나 시끄럽던데 뭐가 조용해?"

그때 바람이 나타나 딱하다는 듯이 말했다. "나는 하늘에 달이 떠 있을 때나 해가 떠 있을 때나 세상을 다녀봐서 잘 알아, 해가 세상을 비추는 낮에는 해가 말한 대로 세상은 시끄럽고, 사람들도 모두 움직이고 있어. 그러나 달이 세상을 비추는 밤이 오면 온 땅이 고요해지며 사람들은 잠을 잔단다."

부부상담사는 해와 달의 입장 차이를 존중하면서 바람처럼 부부의 마음을 이해하고 상호 존중할 수 있도록 도와준다. 해와 달은 다를 뿐이지 틀린 것은 아니다. 배우자도 서로 다를 뿐이지 틀린 것은 아니기 때문에 서로에게 안전한 지지자로서 상담사가 되어 주어야 한다.

부부는 오목렌즈와 볼록렌즈처럼 서로의 다름에 끌려서 만나는 경우가 많다. 오목 아내와 볼록 남편이 만날 수도 있고 현미경 아내와 망원경 남편이 만날 수도 있다. 서로의 다름과 차이 때문에 끌림이 있었다. 사람은 누구나 성장과정, 성격, 가치관, 생활방식이 다를 수밖에 없다. 다르다는 것은 상대방을 인정하는 것이지만, 틀렸다는 것은 상대방을 부정하는 것이다. 해와 달처럼 서로의 역할이 다를 뿐 틀린 것은 아니기 때문에,

서로의 차이를 이해하고 항상 존중해 주어야 한다.

　세모와 네모가 만나 부부가 되었다. "나는 세모처럼 살고 싶은데, 너는 왜 네모처럼 사니" 하면서 서로를 비난하거나 공격하지 말고 "앞으로는 서로의 다름을 존중하면서 우리 함께 노력해서 동그라미(○)처럼 살았으면 좋겠다!"고 고백하는 여유와 지혜가 필요하다. 이혼하려던 어느 부부가 자녀 한 사람을 두고 서로 키우겠다고 다투다가 부부상담을 받으러 왔다. 부부상담 시간에 하나를 더 낳았으면 좋겠다고 했는데, 쌍둥이가 태어나는 바람에 세 자녀와 함께 재결합해서 잘살고 있는 부부도 있다.

부부간에는 하고 싶은 말과 듣고 싶은 말도 차이가 있다

배우자가 하고 싶은 말을 듣기 싫어하고, 하기 싫은 말을 듣고 싶어 한다. 부부상담 사례를 보면 아내들이 가장 듣고 싶은 말 중의 하나가 '그랬구나'였다. 그런데 남편들이 가장 하기 어려운 말 중의 하나가 또한 '그랬구나'였다. 그래서 부부대화 훈련을 통해 서로 하고 싶은 말을 주고받아 본다.

　아내가 먼저 "나는 대화가 안 될 때 답답하고 화가 났어"

　남편은 "그랬구나, 답답하고 화가 났구나, 그 마음 몰라줘서 미안해"

　아내가 다시 "나 답답하고 화가 났는데, 지금이라도 내 마음 알아줘서 고마워"

　남편은 "내가 자기 입장이라도 답답하고 화가 났을 것 같아. 미안해"

　이 정도 대화만 되어도 극단적인 부부싸움은 피할 수 있다.

부부는 서로의 비슷함 속에 다른 점이 많다

성장의 욕구는 비슷하지만 한쪽은 현실을 긍정하며 성장하고, 다른 쪽은 현실을 부정하며 성장한다. 추구하는 방향은 같지만 이루어가는 방법이 다를 뿐이다. 상처는 비슷하지만 극복하는 방법이 다르다. 배고프다고 큰소리로 요구하는 사람과 배고파도 참고 삭이며 혼자 해결하는 사람이 있다. 생각이 짧은 감정형은 이성형을 합리화의 명수라고 비난하고, 감정이 둔한 이성형은 감정형에게 다혈질이고 감정폭탄이라 매도한다. 서로를 비난하거나 매도할 자격 따윈 없다. 혼자 살아도 하루하루 고민과 갈등이 많다. 서로의 다름을 틀림으로 매도하지 말고, 차이와 다름을 있는 그대로 이해하고 상호 존중해 주는 것이 관계개선의 지름길이다.

만혼과
노산

초혼 연령이 늦어지고 있다

60대 중반 여성이 상담실에 찾아왔다. 아들이 서른이 넘었는데 아직 한 번도 여자를 집에 인사시킨 적이 없다고 한다. 학교도 괜찮게 나왔고, 직장도 괜찮고, 성격도 자상하진 않지만 딱히 모난 건 없는 앤데, 가끔 물어보면 여자 친구도 있다, 없다 하고 왜 아직 결혼 얘기를 안 꺼내는지 답답하다고 하면서, 언제쯤 결혼하면 좋을지 궁금하다고 찾아왔다. 요즘 세대는 부모 세대와 다르게 평균수명도 길어지고 초혼연령도 많이 늦어지고 있다. 2018년 3월 통계청 발표 자료에 따르면 남성은 평균 32.9세, 여성은 30.2세이고 30년 전에 비하면 남성은 약 5세, 여성은 약 6세 정도 초혼연령이 높아진 것이다. 부모 입장에서 너무 조급하거나 부정적으로 예단하지 말고 아들의 속마음이나 생각을 들어주는 것이 중요하다. 대화할 때는 말투도 중요하다. '너 언제 결혼할래?'라고 물으면 아들 입장에서는 따지듯이 추궁당하는 느낌이 드니까 감정이 상해서 대화를 회피하는 경우가 많다. 나는 '네가 언제 결혼하려고 생각하는지 궁금하다, 가급적 빨리 결혼하는 것이 좋다고 생각하는데 아무 말도 안 해주니까 불안하다' 등과 같이 자기표현을 적절히 하는 것이 중요하다. 그리고 아들이 무슨 말을 할지라도 있는 그대로 들어줄 준비가 된 상태에서 대화를 다시 시작하는 것이 좋다.

만혼과 노산

40대 후반 부부가 만혼과 노산으로 힘들었는데, 남편과 시댁 가족들이 더 힘들게 해서 이혼 전에 마지막으로 상담을 받아보고 싶다고 찾아왔다. 아내는 45세에 2살 연상의 남자를 직장에서 만나 결혼했다. 결혼 1년 만에 임신이 되었다. 만삭이 되어 몸이 이상해 병원에 갔다. 담당의사는 산모가 위험하니 한 발짝도 걷지 말라고 하였다. 당장 입원해야 한다고 했는데 특실밖에 없었다. 남편은 지방 출장 중이었고, 남편의 큰누나인 시누이가 달려왔다. 특실에 혼자 입원해서 병실료가 40만원이라고 하니, 시누이는 깜짝 놀라며 큰소리로 "미쳤어?"라고 외쳤다. 너무 충격이 컸다. 의사는 산모와 태아가 모두 생명이 위험하다고 하여 입원할 수밖에 없었는데, 내 생명보다 돈을 우선시 생각하는 시누이의 말과 태도가 황당했다.

아내는 몸도 마음도 불편한 상태에서 밤낮없이 진단하고 경황이 없어 잠도 못 잤다. 시누이는 간호를 명분으로 함께 있으면서 TV드라마를 재방까지 보며 수면을 방해했다. 부담스럽고 불편했는데 산모 입장보다 자기중심적인 태도가 싫었다. 식사도 나가서 하라고 했는데도 환자용 음식을 같이 먹었고, 방문객이 가져온 음료수도 가져갔다. 산모는 말도 못하고 2일 후 아이를 출산하고, 3일 후 심장 수술을 했다. 절박하고 위급한 상황인데도 남편이 옆에 없어서 원망스러웠다. 출산 후에도 몸과 마음이 정상이 아니었다. 주변에서 40대 중반에 임신하는 것을 만류하였지만 서로 초혼이라 아이를 갖기로 했었다. 산후조리를 하면서 친정엄마가 도와 주웠지만 세대차이로 인해 마음의 위로는 받지 못했다. 아내는 출산 후유증으로 심리적 스트레스를 많이 받아 남편에게 과민반응을 보였다. 신체적으로도 하혈이 계속되고, 손발 저림이 심했다. 손에 힘이 없어 아이를 안는 것도 힘들었고, 손가락 마디마다 쑤시고 후유증이 심했다. 피부도 반점이 생기고 임신 출산 후유증이 컸다. 만혼에 노산으로 아이를 얻는 대신에 온몸이 망가져 결혼을 후회하기도 했다.

남편은 47세에 아내를 만나 결혼한 것을 고맙게 생각하고 잘살아보고 싶었다. 6개월도 안 되어 결혼식을 올리고 아내가 임대하여 생활했던 집을 함께 보태서 구매하여 신혼생활을 시작했다. 동거생활이 시작되면서 음식 먹는 습관이나 설거지 방법 등 아내의 잔소리가 심했다. 모친이 아버지에게 잔소리하며 싸우는 것이 싫었는데, 아내가 사사건건 잔소리하는 것이 더 싫었다. 참고 삭이다가 말싸움도 해보고, 밖으로 나가 찜질방 생활도 해보았는데 중단되지 않았다. 최근 말싸움 중 "나가라, 죽어라" 막말을 하기에 부엌칼을 들고 "죽일 테면 죽여 봐!" 하니까 아내가 경찰에 신고했다. 부부상담이 시작되면서 서로의 쌓인 감정을 풀어내고 부부에 대한 개념이나 정체성을 재확립하도록 도와주었다. 사과체크리스트를 통해 서로에게 미안한 것을 사과하고, 상처빼기·행복더하기 과제와 함께 1인칭 공감대화를 실천하도록 도와주었다. 무엇보다도 부부가 우선순위에서 밀리면 가족관계가 왜곡되어 후유증이 심각해진다는 것을 인형극을 통해 통찰하도록 도와주었다. 만혼에 노산으로 후유증이 심각했지만, 부부가 서로의 입장 차이를 존중하고 함께 대화를 통해 노력해보겠다는 의지가 진심으로 크게 느껴졌다.

만혼과 노산으로 결혼생활이 감옥 같다고 찾아온 50대 초반 여성도 조금 늦은 나이에 아이를 낳았다. 그런데 오랜 시간 나만의 생활을 즐기고 살아서 그런지 아이가 마냥 예쁘고 행복하기보다는, 내 삶을 뺏긴 것 같아 화가 나고 아이 보는 게 너무 힘들고 짜증이 난다고 하소연했다. 그냥 빨리 회사에 다시 나가고 싶고, 아이가 좀 알아서 잘 컸으면 좋겠다고 고백했다. 한 여성으로서 살다가 아내가 되고, 엄마가 된 소감이 사람마다 다르다. 혼자 생활하는 것에 익숙해졌는데 아이와 함께 부부가 공동생활하는 것이 어색할 수 있다. 특히 임신 출산 양육 과정의 역할 과부하 상태에서 벗어나고 싶은 것은 자연스러운 감정이다. 새로운 생활에 적응하는 것도 힘들고 버겁기 때문에 답답하고 짜증 나고 화가 날 때도 있다. 하지만 세상에 공짜는 없다. 새로운 에너지를 얻기 위해서는 투자가 필요하고, 변화에는 고통이 수반될 수밖에 없다. 요즘 저출산 고령사회를 극복하기 위한 출산장려 공익광고가 많아지고 있다. 내가 어린 시절의 베이비붐 시절에는 인구 억제 정책으로 산아제한 광고가 많았었다. "하나만 낳아서 잘 기르자, 아이 좋아 둘이 좋아, 출산은 세상에서 가장 행복한 보험입니다, 출산은 미래의 희망이자 국가의 경쟁력입니다." 이렇게 다양하게 변해가는 내용을 보면서 격세지감을 느낀다.

부부자격증과
부모자격증이
필요하다

부부 또는 부모 자격증이 필요하다

21세기는 자격증 시대라고 할 정도로 각 분야에서 다양한 자격증이 만들어지고 있다. 가정은 인간의 탄생과 성장, 소멸 과정에서 구심점 역할을 한다. 삶의 가장 기본적이고 중요한 결혼생활에도 최소한의 기준이 필요하다. 특히 결혼생활의 핵심인 부부가 되고 부모가 되는 과정이 중요하다. 그동안의 결혼생활은 자격증도 없이 학점도 이수하지 않고, 체계적인 학습과정이나 부부교육 프로그램에 대해 공부도 하지 않고, 무조건 바로 현장 실습만 하다 보니 시행착오가 너무 많았다. 결혼 전 교육과정을 통해 부부자격증이나 부모자격증이 필요한 이유다. 지금부터라도 고교생활과정이나 늦어도 대학교 교양필수 과목으로 연애와 결혼, 부부학개론이 반드시 채택되어야 함을 강조하고 싶다.

결혼생활은 늘 배움의 연속이다

결혼생활을 잘하기 위해서는 전문적인 부부학교도 필요하다. 배우자에 대해 배워야 한다. 부부학교는 학년이나 정년도 없다. 유·초·중·고·대 학사일정과 다르다. 자기주도적인 선택과 결정 즉, 자기관리능력이 중요하다. 부부라 할지라도 자기 삶은 자신이 주인이다. 부부로서 평생학생이 좋은가 졸업이 좋은가? 언제 어떤 상태에서 졸업하면 좋을까? 이혼율이 갑자기 높아졌을 때, '아직도 그 사람과 사나?'라는 말이 유행했듯이, 졸혼 인구가 증가하면 아직도 부부학교 다니나? 라는 말이 유행어가 될지도 모르겠다. 입학식이 있으면 졸업식이 있다. 결혼식 이후 이혼이나 장례식이 아니라, 약혼식 수준의 졸혼식이 완충 역할로 의미가 있다고 생각한다. 요즘 웰다잉 프로그램이 증가하고, 사전 연명의료행위 중단과 임종 직전 생존장례식 문화에 대한 관심도 증가하면서 결혼생활이나 가족문화도 시대변화에 따라 다양하게 변하고 있다.

결혼생활에서 부부리더십이 중요하다

가족리더십은 구성원 만족도에 따라 무능력하다고 비난받는 리더, 능력을 인정받는 리더, 존경받는 훌륭한 리더가 있다. 훌륭한 리더는 조직구성원들이 스스로 성취감을 느끼며 공동목표를 달성할 수 있도록 역할을 한다. 가정경영의 동업자로서 부부가 함께 윈윈할 수 있는 배우자 공동리더십이 필요하다. 남편이 원하는 것은 보이는 것, 만질 수 있는 것이 우선이지만 아내가 원하는 것은 보이지 않는 마음이나 우선적으로 배려해주는 말 한마디를 듣는 것이다. 이와 같이 기본적 욕구에 대한 우선순위가 다르다. 남녀문제 해결을 위해서는 서로 우선적인 욕구가 다른 것을 존중하고, 서로가 원하는 것을 자연스럽게 표현하고 배려해 주어야 한다. 상대방이 배려해주지 않을 때 스스로 극복할 방법은 상대방을 바꾸거나 변화시키는 것이 아니라, 상대방의 마음을 알아주고, 서로의 차이점을 이해하는 것이 지름길이다. 자기 기준으로 문제를 인식하고 자기 방식대로만 문제를 해결하려고 하면, 그 문제는 오히려 더 커지거나 악순환이 될 수 있다.

서로의 착각에서 벗어나자

상대방의 언행에 대한 자기만의 해석과 판단은 위험하다. 자기 자신의 기본적인 욕구를 해소하지 못하여 불만족 상태에 빠진 경우엔 상대방의 언행과 상관없이 시비를 걸고 화를 낼 수 있다. 특히 상대방에 대한 배려심이 부족한 경우 사사건건 부딪칠 수밖에 없다. 어릴 적 가족관계 속에서 감정의 상처를 받으면 자기방어적인 경계심이 강하고 자격지심, 열등의식, 피해의식, 강박관념으로 독선적인 행동이 과민하게 나타날 수 있다. 과민반응에 의한 착각을 몇 가지 예를 들면 다음과 같다.

- 아내는 관계 대화를 통해 마음을 이해받기를 원하지만 남편은 과거 잘잘못을 따지는 논쟁으로 착각한다.
- 서로 다를 뿐인데 틀렸다고 오해하면서 상대방을 매도한다. 남자는 사람을 사랑하고, 여자는 사랑하는 마음을 사랑한다는 말도 있다.

- 배우자는 내가 필요로 하는 거의 모든 것을 다 가지고 있다고 착각한다. 하지만 나에게 필요한 것이 배우자에게도 필요하고, 나에게 없는 것은 배우자에게도 없는 경우가 많다.

결혼생활에서 부모의 역할모델이 중요하다

어린 시절, 이성 부모에 대한 기대감과 동성부모의 생활 패턴을 유지한다. 엄마처럼 살고 싶지 않다거나 아빠처럼 살고 싶지 않아서 결혼했는데 시간이 지날수록 싫었던 부모 모습을 닮아간다고 고백하는 사례가 많다. 배우자가 서로의 한계를 인정하지 못하고 원망하면서 최악의 관계로 악화되기도 한다. 상호작용 과정에서 서로 참고 삭이고 응어리진 상처와 부정적인 감정 때문이다. 처음에는 그냥 '밥 먹어'라고 했는데 시간이 흐른 뒤엔 밥을 먹으려면 돈도 벌고 일해야 한다거나 이렇게 먹어라, 저렇게 먹어라 등 잔소리하는 경우가 많다. 이러한 과정에서 상처받은 자존심과 부정적인 감정들이 누적된다. 그러다 보면 결국 고마움을 느끼지 못하고, 상처받은 마음과 부정적인 감정의 포로가 되는 것이다.

결혼제도는 약속이다

약속은 상호 신뢰 관계에서만 의미 있다. 결혼생활도 삶의 과정에서 가장 소중한 약속이다. 사회적으로 개인의 인권과 생활보장 시스템이 발전하고 있다. 물질문명이 발달하면서 개인의 삶의 질 향상을 위해 다양성이 존중되고 있다. 결혼제도를 통해 남성과 여성의 차이점과 한계를 존중하고, 신혼생활부터 양성이 평등하며 건강하고 행복한 부부문화가 창출되고, 바람직한 방향으로 정착될 수 있도록 지혜를 모아야 한다. 국제결혼이나 다문화결혼 과정처럼 사전에 예비부부 교육 과정도 수료하고, 부모자격 관련 확인 절차도 필요하다. 학교 교육과정에서도 부부학개론, 연애와 결혼 등 부부생활 교육이 필수과목이 되어야 한다는 것을 다시 한번 강조한다.

황금 주말을 황금 같이 보내는 방법

맞벌이 가족은 평일에는 긴 시간을 함께 보내기 어렵기 때문에 주말을 활용하는 것이 좋다. 직장일로 인해 몸과 마음이 많이 지쳐 주말 동안 무작정 쉬고만 싶기도 하겠지만, 주말을 자녀와 의미 있게 보낸다면 그보다 더 가치 있는 일은 없을 것이다. 황금 주말을 황금같이 보내는 방법을 몇 가지 소개한다.

1. 일주일 동안 못 해준 것을 한꺼번에 해주려 하지 말고 한 가지라도 알차게 한다.

2. 자녀와 함께 주말에 무엇을 할 것인지 같이 계획을 세워본다.

3. 자녀가 원하는 것이 무엇인지 정확히 알고 나서 그것을 우선순위에 둔다.

4. 주말 전날 일찍 잠들어서 주말시간을 이른 아침부터 알차게 사용한다.

5. 때로는 각자의 자유 시간을 즐기는 여유로운 하루를 보내는 것도 필요하다.

6. 텔레비전과 컴퓨터는 잠시 멀리한다.

7. 힘들게 놀아주었다고 생색을 내지 말아야 한다.

*출처 : 여성가족부, 부모 교육 매뉴얼(2017). 육아정책연구소(2011). 「맞벌이 가정에서 꼭 알아야 할 몇 가지」

부부갈등과

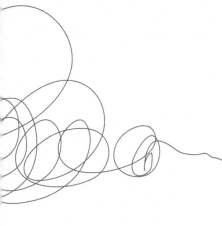

대화의 중요성

행복한 부부는
1인칭 공감대화를
한다

대화가 싸움이 되는 갈등 사례

갈등이 악순환하는 사례를 보면, 당사자 상호 간에 감정의 문제, 생각의 문제, 표현방법의 문제가 복합적으로 연결되어 있다. 서로의 입장에서 생각을 키우고, 감정을 나누고, 표현을 적절하게 한다면 갈등을 극복할 수 있다. 갈등 자체를 피하려고 해서는 안 된다. 중요한 것은 해결 방법이다. 일방적인 폭력이나 싸움이 아니라 대화로 해결하는 방법을 알고 있느냐 모르고 있느냐, 당사자가 함께 공유하고 있느냐 없느냐에 따라 차이가 크다. 상대를 바꾸려고만 하지 말고, 상처받은 감정을 공감해 주면서 나부터, 내가 할 수 있는 작고 사소한 것부터 반복적으로 실천하는 것이 중요하다.

수많은 상담사례 가족들과 대화해 왔지만, 그중에서도 특히 30대 후반의 어느 부부가 생각난다. 결혼생활 5년 동안 112 경찰신고를 100회

이상 경험했다는 MBC 방송 사례 부부다. 내용을 잠깐 언급해보면 서울에 거주하는 남편은 고졸, 아내는 대졸, 18개월 된 아들이 있었고, 남편이 아내에게 상습적인 폭언과 폭력으로 힘든 상황이었다. 남편은 내향적이고 소극적이고 학력에 대한 열등감이 있었고, 계모한테 맞고 커서 여자에 대한 부정적인 감정이 많았다.

몰래카메라로 촬영한 비디오 녹화내용을 보면, 남편이 아내를 향해 "넌 구타 유발자야, 아니 구토 유발자야. 시끄러워. 닥쳐!"와 같은 표현을 많이 사용하였고, 아내는 남편에게 "너는 양아치야, 무식해, 아무것도 몰라"라는 말을 자주 사용하면서 서로를 비난하고 공격했다. 고문기술자처럼 서로의 약점과 급소의 공격을 주고받았다. 이런 대화 패턴으로 부부싸움이 잦아 112 경찰에 신고한 건수만 해도 100번이 넘었다. 그때만 해도 제대로 된 상담을 한 번도 받아보지 못했다고 했다. 가족 언어습관이나 대화방법이 서툴러서 시행착오와 악순환이 반복되어온 경우였다. 그러나 부부 집중상담으로 의사소통 방법을 배워서 위기를 극복하고 서로의 태도가 달라진 것을 확인했다.

대화는 우리 몸의 혈액순환처럼 중요하다

대화가 중단되고 부정적인 감정이 누적되면 폭언이나 폭력으로 돌변한다. 가정폭력은 그 후유증이 깊고 오래간다. 가정폭력은 경제적, 육체적인 재산뿐만 아니라 정신적인 재산까지 빼앗아간다. 그 결과로 피해자의 삶이 황폐해지고 악순환이 반복된다. 그 후유증을 치료할 수 있는 약은 바로 대화다. 대화는 우리 몸의 혈액순환처럼 중요하다. 피가 통하지 않으면 몸의 기능이 마비되는 것처럼, 대화가 중단된 부부는 무늬만 가족일 뿐이다. 아무리 큰 문제도 대화가 되면 작아질 수 있지만, 대화가 중단되면 작은 문제도 커질 수밖에 없다. 가족 갈등의 오해에 대한 화해의 기술 중에서 가장 중요한 것이 바로 대화 방법의 개선이다. 가족 대화는 사적인 공간에서 주관적인 내용을 중심으로 이루어진다. 많은 가족이 대화하고 싶은데 상대방이 피하거나 적반하장 격으로 화를 내면, 갈등상황이 증폭되어 싸움이 되고, 막말·폭언·폭행으로 돌변한다. 가족관계를 개선하고 갈등의 후유증을 최소화하기 위해서는 자기가 할 수 있는 것보다 상대가 필요로 하는 것, 조그만 것이라도 상대가 원하는 것에 관심을 가지고 배려해주는 태도와 기술이 중요하다. 배우자라 할지라도 우선적인 욕구나 억압된 감정은 서로 다를 수 있지만, 가족구성원으로서의 입장 차이와 다름을 있는 그대로 이해받고 싶고 존중받고 싶은 마음은 누구나 같기 때문이다.

부부대화는 1인칭으로 감정까지 표현하자

1인칭 공감대화란 대화법에서 가장 기초적이고 기본적인 것이다. 흔히 말하는 I- Message와 비슷하지만 말하는 사람은 자기를 주어로 하여 느낌까지 적절하게 표현하는 것을 강조하고, 듣는 사람 입장에서는 '그랬구나'라고 공감해 주면서 서로의 속마음까지 허심탄회하게 주고받을 수 있는 상호 존중 대화를 말한다.

1인칭 공감대화의 핵심은 '너는 ~ 왜 그래?'가 아니라 '나는 ~ 이래'다. 언어는 자기 느낌이나 생각, 사상 감정을 남에게 전달하는 수단이기 때문에 1인칭 표현이 적절하다. '나는~ 이래, 나는~ 이렇게 했으면 좋겠어, 나는~ 이렇게 하고 싶었는데 그렇게 안 돼서 속상해, 답답해, 화가 나'와 같이 1인칭으로 표현하면 대화가 될 텐데, 왜곡된 언어습관 때문에 '너는 왜 그래?, 당신 어찌 그럴 수 있어?, 당신 부모 왜 그래?'라고 하는 경우가 많다. 이와 같이 주어를 2인칭으로 표현하면 대화하자는 것이 아니라 싸움하자는 것처럼 들린다. 2인칭 표현은 따지듯이 추궁당한 느낌, 지시 명령 강요당한 느낌, 판단 평가 비교당한 느낌이 들어 내용과 상관없이 기분이 나빠지고 대화를 피하고 싶어진다. 대화하고 싶은데 상대방이 피하거나 적반하장 격으로 화를 내면 갈등이 증폭되어 싸움이 되고, 막말·폭언·폭력적인 상황으로 돌변할 가능성이 커진다. 그래서 대화는 1인칭으로, 주어를 "나"로 사용해서 적절하게 표현하고, 특히 부정적인 상황이나 부정적인 감정을 표현할 때에는 꼭 1인칭으로 느낌 감정까지 적절하게 표현하도록 한다. 듣는 사람 입장에서는 어떻게 해야 할까? 감정은 판단의 대상이 아니다. 그러므로 '그랬구나, 당신 마음이 그랬구나!' 하고 맞장구쳐주고, 공감해 주면서 서로 속마음까지 허심탄회하게 주고받도록 하자. 이러한 비폭력 1인칭 공감대화가 실천된다면 위기나 갈등 상황을 극복할 수 있고, 폭력 가정이 아니라 명품 부부, 행복한 가족이 될 수 있다. 행복한 부부는 1인칭 공감대화를 많이 한다는 것을 늘 기억해 주기 바란다.

부부 갈등과
오해에 대한
화해의 기술

각방 쓰면서 대화까지 단절된 부부

몇 년 전 SBS 부부솔루션 방송 프로그램에 출연했던 부부 사례를 소개한다. 첫사랑과 10년을 연애해 결혼까지 성공한 부부였다. 연애 때는 사이가 좋은 커플이었고, 주위의 부러움을 독차지했던 모범 커플이었다. 언제나 친구들은 결혼하면 가장 잘 살 것 같다며 부러워했다. 그렇게 오랜 시간 연애하고 결혼했지만, 남편이 운영하던 사업이 망한 후 사이가 나빠졌다. 그로 인해 각방을 쓰고 대화가 단절되었으며, 결국엔 이혼 서류까지 접수된 상태였다.

 남편은 군대를 제대하자마자 부친이 차려준 PC방을 운영하며 생활했지만, 결혼 직후 사정이 안 좋아져서 결국 사업을 접었다. 남편은 번번이 일자리를 구하지 못했다. 경제적 부담은 모두 아내의 몫이 되었고, 아내는 점점 무능력한 남편에게 실망하며 싸움을 반복하였다. 두 아들의 육아 문제 때문에 친정어머니가 집에 와 계시고, 남편은 남은 돈 5,000만 원으로 주식을 하고 있어, 아내는 그 돈조차도 날릴까 봐 불안해서 잔소리가 심해졌다.

아내도 열 살 때쯤에 부모가 별거하면서 혼자 지내는 시간이 많았다. 일찍부터 직장생활을 시작하여 회사일이 바빴고, 회식한다며 새벽에 들어오는 경우가 많았다. 남편은 회사생활을 전혀 안 해봤기 때문에 새벽에 들어갈 때마다 '어떤 놈이랑 있었냐?'며 따졌고, 회사로 전화해서 남자가 먼저 받으면 '무슨 사이냐?'고 의심하고, 회식 장소에 나타나서 회사 동료에게 폭언을 퍼붓기도 했다. 일하는 것도 힘들고 스트레스를 많이 받는 아내는 결혼생활이 지긋지긋해서 극단적인 행동까지 시도하려던 심각한 상태였다.

부부갈등과 오해에 대한 화해의 솔루션

위 사례 부부에게 개별 맞춤상담을 단기 집중적으로 진행하였다. 나우미 부부상담 프로그램은 부부갈등 프로그램은 1회 3시간 5회기를 기준으로 하면서 극복을 위한 심리, 인지, 행동 요법에 따라 적극적인 경청과 위로·지지·공감을 통해 상처가 치유될 수 있도록 단계별 회기마다 다음과 같이 체크리스트를 적절하게 활용한다.

1. 사전 인터뷰 자료와 부부 행복 및 위기지수 체크리스트를 활용하여 상처의 우선순위와 정도를 파악한다.
2. 가족 인형으로 부부의 심리 상태를 현장 진단하고, 왜곡된 가족관

계를 바로 세우는 방향을 설정한다.

3. 성격검사를 통해 자신을 더 깊이 통찰하고 배우자를 이해할 수 있도록 서로의 차이에 대해 틀린 것이 아니라 다를 뿐이라는 것을 충분히 설명한다.

4. 사과체크리스트를 활용하여 그동안의 미안함을 표현하고, 그 상황에서 상처받아 왜곡된 감정의 응어리가 풀어질 수 있도록 상처빼기 훈련과 함께 마음의 대화를 주고받는다.

5. 문장완성검사를 통해 서로의 속마음까지 확인하고, 자신과 배우자에 대한 이해 능력을 향상시킨다.

6. 장점체크리스트를 활용하여 부족한 부분 못지않게 서로의 장점을 인정하면서 살아왔다는 서로의 속마음을 확인하고, 자존감이 회복될 수 있도록 대화를 하면서 서로에 대한 지지와 격려를 통해 긍정적인 장점을 강화한다.

7. 상처빼기 행복더하기 과제를 구체적으로 실천하고 확인하면서 서로의 친밀감 신뢰감 안정감이 회복될 수 있도록 도와준다.

8. 의사소통 및 대화 방법의 개선을 위해 적절한 자기표현과 1인칭 공감 대화방법을 훈련한다.

9. 가족관계 속에서 상처받은 충격이나 트라우마를 치유하기 위해 최소 3대의 가계도를 분석하여 왜곡된 가족관계를 바로세우고, 인형극을 통해 부정적인 역할모델에 대한 마음의 상처를 치유한다.

10. 자기사랑과 자기존중감, 회복탄력성을 강화해 부부의 건강성을 확보하고 행복한 가정으로 성장할 수 있도록 도와준다.

부부갈등이 지속되면 자학과 가해행위가 반복된다

부부갈등과 오해에 대한 화해의 기술은 부모의 조기 사망 등과 같이 원가족과 관련된 미해결과제 즉, 왜곡된 감정, 생각, 행동에 대한 심층적인 이해와 치료적 접근이 필요했다. 우선 자기건강성이 확보되어야 과민반응, 과잉 베풀기, 과잉통제 등의 증상들이 줄어들 수 있기 때문이다. 어린 시절부터 참고 삭이며 억압시켰던 부정적인 감정들이 누적되면 감정폭탄이 될 수 있다. 부부갈등이 지속되고 대화가 부족하면, 마치 숨바꼭질하듯이 자학과 가해행위를 반복하게 된다. 서로에게 상처를 주고받으면서 부정적인 감정이 누적되어 관계가 악순환된다. 최초 상담 시에 이들은 두 명의 아들을 둔 부모로서 이혼 소송 위기에 처해 있었다. 부부솔루션 방송프로그램에 참여하면서 부부가 함께 노력하였기에, 상담 후 2명의 아들이 더 출생하였다. 위기의 30대 부부였던 그들은 4명의 아들을 키우면서 온라인 쇼핑몰 등을 운영하였다. 특히 아내는 아들이 다니는 초등학교에서 학부모 급식위원 등으로 참여하면서 자녀 양육에 적극적으로 참여하는 모습이 대단하게 느껴졌다. 이 부부는 지금도 수시로 카카오스토리를 통해 아이들이 성장해가는 모습을 사진으로 보여주면서, 희망과 행복의 전도사처럼 열심히 살아가고 있다.

바가지와
잔소리에도
기술이 필요하다

요즘에는 바가지가 부드럽고 예쁜 게 많지만 옛날에는 호박하고 비슷하게 생긴 박을 박박 긁어내고 삶아서 바가지로 사용하였다. 그런데 왜 바가지란 말이 잔소리나 듣기 싫은 소리가 되었냐 하면, 옛날에 콜레라 등 전염병 귀신을 쫓는 방법으로 바가지를 소리 내어 긁었기 때문이다. 귀신도 싫어한다는 바가지 긁는 소리! 그러다보니 바가지 긁는 소리가 듣기 싫은 소리의 대명사가 된 것이다. 잔소리는 내 잘못을 알고 있는데 듣기 싫을 정도로 반복적으로 해대는 소리, 또는 쓸데없이 자질구레한 말을 늘어놓는 꾸지람, 꾸중, 야단 등 필요 이상으로 참견하거나 반복적으로 내뱉는 말을 말한다.

잔소리는 절박한 소리다

바가지와 잔소리는 부부갈등을 증폭시킨다. 부부상담 과정에서 배우자에게 말한 잔소리는 사소한 것이 아니라 말하는 사람의 입장에서는 절박한 소리다. 듣는 사람의 입장에서는 잔소리로 느껴지지만 말하는 사람 입장에서는 그동안 상처받아 웅어리진 왜곡된 감정의 절규라고 할 수 있다. 일부러 잔소리하고 싶은 사람도, 듣고 싶어 하는 사람도 없다. 잔소리는 절박한 소리라는 것을 인식하고, 적극적으로 들어주면서 그때의 감정까지 표현할 수 있도록 도와주어야 한다. 말하는 사람도 객관적인 사실이나 상황만 반복적으로 표현하지 말고, 주관적인 느낌이나 감정 상태까지 적절하게 표현해 주어야 한다. 말하는 사람에게는 간절하지만 듣는 사람에게는 우선순위가 낮다 보니 남의 일처럼 건성으로, 속된 말로 한쪽 귀로 듣고 한쪽 귀로 흘려버리기 쉽다. 그러나 이러한 태도 자세가 잔소리를 반복하게 하는 원인이다. 잔소리는 사람을 변화시키는 것이 아니라 더욱 혼란스럽고 짜증 나게 한다. 잔소리의 원인은 나는 옳고 상대방은 틀렸다면서 조급하게 고치려는 태도와 자세에서 비롯된다.

잔소리를 줄이기 위해서는 적절한 자기표현이 중요하다

대화 중에는 눈의 초점과 생각의 방향이 일치하기 때문에 1분이라도 눈을 마주보고 공감해주는 대화가 중요하다. 많은 가족 갈등 사례를 보면 술을 먹으니까 잔소리를 하고, 잔소리하니까 술을 더 먹게 되는 경우가 많다. 거짓말을 하니까 다그치고, 다그치니까 거짓말을 더 하게 되는 악순환과 비슷하다. 즉 잔소리하니까 하기 싫고, 안 하니까 잔소리가 반복되는 것이다. 부모의 잔소리는 자녀에 대한 불신, 조급함, 부정적인 생각에서 비롯된다. 과거 20세기 세대는 부모의 경험으로부터 7~80%의 영향을 받았다. 그러나 급변하고 있는 21세기 자녀 세대들은 부모의 성공경험에 대한 영향력이 2~30% 정도로 줄어들었다. 부모의 기준이나 방식대로 자녀의 앞길을 막지 말고, 오히려 비켜주는 것이 도움이 될 수 있다. 가족은 소유물이 아니다. 삶의 체험과정에서 누적된 충고도 필요하지만 가족들에게는 안전한 지지자 역할이 더 중요하다.

사소한 잔소리에도 기술이 필요하다

• 요구하지 말고 욕구를 표현하자. 조급한 마음에 '얼음물 줘'라고 표현하는 것처럼, 요구조건이 까다롭게 한정되면 도와주고 싶어도 못 도와준다. "답답해서 속이 탈 것 같아, 시원한 음료수가 먹고 싶어, 목말라, 갈증이 나"라고 자기 욕구를 표현하는 것이 좋다. 가족에게는 기대감도 있고, 배려해 주고 싶은 마음도 깔려있다. 잔소리하도록 원인 제공해 놓고 잔소리한다고 탓하면 안 된다.

• 과거 이야기를 반복하지 말고 지금 이 순간에 초점을 맞추자. 사람은 누구나 잔소리하기도 싫고 듣기도 싫다. 그러나 비슷한 상황이나 비슷한 감정이 느껴지면 반사적, 무의식적으로 나올 수밖에 없다. 어떤 경우든지 죽은 과거는 묻어두고, 살아있는 현재에 초점을 맞추는 지혜와 노력이 필요하다.

• 지금 이 순간의 감정을 최대한 짧게, 구체적으로 표현하는 게 포인트다. 지금 당장 벌어진 일일지라도 장황해지거나 길어지면 안 된다. 듣는 사람은 자신이 잘못했다는 걸 알아도 듣기 지루하고 지겹기 때문이다. "외박을 안 했으면 좋겠다고 여러 번 당부했는데 또 외박하고 오니까 정말 화가 나. 당신이 외박하면 불안하고 너무 싫어"라고 구체적인 감정까지 표현하는 것이 중요하다.

- 지시, 명령, 강요하지 마라. 먼저 태어나고, 늦게 태어났다고 해서 명령과 복종의 관계가 되는 것은 아니다. 형제자매는 수직적인 관계가 아니라 수평적인 동등한 인격체다. '잔소리 좀 그만해'라고 하면 더 하고 싶어진다. '나는 잔소리가 싫어'라고 말해보자. 그러면 더 쉽게 중단할 수 있다.

- 확대 해석으로 인신공격을 하지 마라. '이중적인 네가 싫다'보다 '너의 이중적인 태도가 싫다'로 표현하는 것이 좋다. 칭찬에는 인색하면서 잘못을 크게 부풀려서 매도당하면 누구나 싫어한다. 상대방의 잘못이나 약점을 확대 해석하고 매도해서는 안 된다. 부분적인 행동을 전체적으로 매도하면 누구나 받아들이기 힘들다.

- 스트레스 해소나 화풀이를 위해 잔소리하면 안 된다. 잔소리를 들으면 누구나 짜증이 나고 스트레스가 쌓인다. 이런 짜증과 스트레스는 또 다른 잔소리로 연결된다.

- 비교하거나 똑같은 말을 반복하지 말자. 좋은 말도 세 번 이상 들으면 싫다. 잔소리라면 더 듣기 싫다. 상대방을 남과 비교하거나, 똑같은 말을 계속 반복하면 반발심만 커지게 된다. 이렇게 되면 잔소리가 악순환을 이루어서 오히려 더 많아질 수밖에 없다.

왜곡된 가족언어 습관을 과감하게 고치자

컴퓨터가 없던 시대의 의사소통방식에는 가끔 두루 뭉실하고 포괄적인 표현이 많았다. "콩떡같이 말하면 찰떡같이 알아들어라, 가는 방망이 오는 홍두깨, 가는 말이 고와야 오는 말이 곱다" 등의 속담들도 있다. 컴퓨터는 기계다. 기계는 입력한 대로 출력한다. 따라서 자기표현을 적절히 하는 것이 중요하다. 바가지 긁는 소리는 귀신조차 싫어했다는 말처럼, 과거 사실에 대한 아내의 잔소리가 호랑이보다 무섭다고 하소연하는 남편들이 많다. 상대방의 말을 잔소리로 듣는 사람의 입장을 들어보면 자만감이나 자기 우월의식을 가지고 있다. 상대방의 말을 가볍게 생각하고 무시하는 경우도 많다. 잔소리를 반복하는 사람은 자기 비하적인 태도를 가지고 있다. 자기주장이나 느낌, 생각을 당당하고 단호하게 표현하지 못한다. 말 한마디부터, 자기 느낌이나 생각을 적절하게 표현하는 연습이 필요하다. 한 단계 한 단계, 사소한 것일지라도 바늘로 우물을 파는 심정으로 잘못된 가족 언어습관을 고쳐 나가자.

여보,
우리
연애할까

잉꼬부부에겐 특별한 기술이 있다

몇 년 전 "여보, 우리 연애 할까?"라는 주재로 현대오일뱅크 가족 1박2일 캠프를 진행한 적이 있다. 전국에서 경영실적이 우수한 주유소 사장님 부부에게 본사 차원에서 후원한 부부캠프였다. 남해힐튼호텔에서 30쌍의 부부가 모여 상처빼기 행복더하기 힐링 프로그램을 토크콘서트 형식으로 진행하였다. 전국에서 선정된 부부들이 적극적으로 참여하면서 대화하는 모습들이 아름다운 남해 바닷가의 풍경보다 더 아름답게 느껴졌다. 가화만사성(家和萬事成)이란 말도 있지만 대화의 중요성 즉, 가화만사성(家話萬事成)을 강조하면서 잉꼬부부가 모두 경영실적이 좋은 것은 아닐지라도 경영실적이 좋은 부부는 모두 잉꼬부부라는 것을 확인할 수 있었다.

잉꼬부부에겐 특별한 기술이 있다. 결혼생활은 부부가 함께 행복하거나, 아니면 함께 불행하거나 둘 중 하나다. 사랑해서 결혼했지만 연애시절의 행복은 꿈처럼 멀게 느껴진다. 결혼 후에도 결혼 전과 같이 사랑을 키워나가고 행복하게 사는 잉꼬부부가 되는 일이 결코 어려운 건 아니다. 간단하지만 못했던, 사소하지만 몰랐던 부부 사이의 대화기술을 알면 된다. 소문난 잉꼬부부들에게는 특별한 부부싸움의 기술이 있다.

앙혼(仰婚)인 줄 알았는데 강혼(降婚)이었다

연애시절에는 잉꼬부부처럼 다정하게 지냈는데 결혼 후 돌변했다는 사례가 많다. 자신보다 모든 조건이 더 좋아 도움받을 수 있는 앙혼(仰婚)인 줄 알았는데, 하나도 도움받을 수 없고 오히려 도와줘야 하는, 자신보다 훨씬 저급한 강혼(降婚)이었다고 말하는 사람도 있다. 부부 갈등 상황에서 어떻게 싸우느냐에 따라 사이가 좋아질 수도, 틀어질 수도 있다. 비 온 후 더 단단해지는 땅처럼, 싸운 후 부부 사이를 더 단단하게 만들어가는 경우도 많다. 잉꼬부부를 한마디로 말하면 대화가 잘되는 부부다. 그런데 많은 부부가 자신의 감정을 잘 표현하기는커녕 상대방의 감정을 자극하는 경우가 많다. 그래서 1인칭으로 자신의 느낌과 감정까지 적절하게 표현하는 대화 기술이 필요하다.

예를 들어 화가 났을 때 내가 화났다고 표현하지 않고, 상대를 더 많이 화나게 하는 말만 해서 싸움이 반복되는 경우가 많다. 자신의 느낌과 생각을 표현하지 못하고 상대방에 대한 사실과 상황만 이야기하면, 듣는 사람은 무시·비난·공격을 당했다고 느낄 수밖에 없다.

부부싸움이 시작되면 지지도 말고 이기지도 말자

지피지기면 백전백승이 아니라 지피지기면 백전불태다. 나를 알고 배우자를 알면 백번 싸워도 위태롭지 않다는 말이다. 부부싸움을 해서라도 상처받아 곪아 있는 마음까지 표현해서 고름을 짜내야 한다. 싸움이 끝나면 자기 생각을 진솔하게 고백하고 서로에게 이해받을 수 있는 1인칭 공감대화로 상처받은 마음을 풀어주자.

예를 들어 아내가 "내가 요구했을 때 당신이 들은 척도 안 해서 정말 실망했어. 나에게는 꼭 필요했었는데 내 입장을 무시당한 것 같아서 화가 났어"라고 하면, 남편은 "그랬구나, 그때 실망스럽고, 화가 났구나, 미안해, 내가 당신 입장이라도 실망스럽고, 화가 났을 것 같아. 그 마음 몰라줘서 미안해, 앞으로는 좀 더 구체적으로 감정까지 표현해 줬으면 좋겠어. 더 말하고 싶은 것이 무엇인지 궁금해"라고 하는 것이다.

싸우지 말고 대화하자. 신경질적이고 짜증스런 말투로는 잉꼬부부가 될 수 없다. 참고 삭이면서 축적된 아쉬움, 서운함, 원망 등의 부정적인 감정들은 언젠가는 폭발할 수밖에 없다. 감정의 홍수 상태, 범람 상태가 되면 상대방 이야기를 들을 여유가 없어지고, 자기가 하고 싶은 말만 마구 쏟아내게 된다. 그러다 보면 목소리가 커지고, 비명을 지르고, 발버둥을 치며 발악하다가 몸싸움이나 극단적인 상황으로까지 치달을 수 있다. 부부싸움도 범죄가 될 수 있다. 참고 삭이다가 일방적인 싸움으로 폭발하지 말고, 평상시에도 자기 느낌이나 생각을 1인칭으로 적절하게 표현하는 대화의 기술이 필요하다.

잉꼬부부는 자기건강성을 먼저 확보한다

자기가 건강해야 부부도 건강하다. 건강한 부부는 서로의 속마음까지 허심탄회하게 주고받을 수 있다. 배우자의 마음을 모르고 있다는 것조차 모르고 사는 부부, 즉 모르면서 안다고 착각하는 부부는 잉꼬부부가 될 수 없다. 또한 내가 모르고 있는 것을 배우자는 알고 있다는 것을 모를 때, 각자의 입장을 알 수 없기 때문에 대화가 필요하다. 잉꼬부부가 되기 위해서는 우선 자기 자신이 어떤 감정을 느끼고 있는지, 그리고 어떤 감정을 느끼지 못하고 있는지, 그 감정을 있는 그대로 적절하게 표현할 수 있는지, 부부가 서로 허심탄회하게 주고받을 수 있는지를 알아야 한다. 이러한 감정들을 참고 삭이는 것이 아니라 마음의 대화를 통해 있는 그대로 적절하게 주고받을 수 있는 부부가 잉꼬부부다. 잉꼬부부는 자기건강성을 먼저 확보한다. 자기건강성을 유지하는 것은 몸과 맘, 말과 행동이 일치하는 사람이다. 몸 따로 맘 따로, 말과 행동이 일치하지 않은 사람은 잉꼬부부가 될 수 없다. 자신의 스트레스나 상처를 인식하지 못하고, 자신의 핵심 감정이나 문제의 핵심을 모르면서 안다고 착각하는 사람은 자기방어, 자기합리화, 자기변명만 늘어놓게 된다. 상대방 탓만 하면서 좋은 시간을 다 보내기 십상이다. 잉꼬부부가 되기 위해서는 자기 자신을 먼저 사랑하자. 자기 자신을 사랑하는 것처럼 배우자를 똑같이 사랑하자. 그리고 내 안에 충만한 사랑에너지를 배우자와 함께 나누고 즐기자. 나 자신의 자존감을 먼저 회복하고, 자기건강성을 확보하는 것이 잉꼬부부가 되는 첫걸음이다.

부부문제의
핵심은
무엇일까

가족 문제의 진짜 핵심이 무엇일까

사람들이 하소연하는 문제들을 좀 더 깊이 분석해 보면, 사람의 문제가
아니라 그 사람이 가진 생각의 문제, 감정의 문제, 행동의 문제로 분류할
수 있다. 그러면 또 생각이 억울하다. 감정이 억울하다. 행동이 억울하다
고 하소연할 수 있다. 그렇다면 가족 문제의 진짜 핵심은 무엇일까? 가
족은 나와 너의 관계에서 나의 문제도 있고 너의 문제도 있다. 문제의 당
사자들이 상호 작용하는 관계 속에서 서로의 문제를 인식한다. 인간의
생각이나 감정은 더 이상 추상적인 것이 아니다. 유전자 세포나 호르몬
을 분석해보면 구체적인 특성에 따라 나타나는 생리적인 현상이 다르다.
물체나 물건처럼 형상이 존재하거나 표현할 수 있기 때문에 생각이나
감정의 차이에 따른 책임이 있다. 그래서 나의 문제는 내 생각에 대한 생
각이 문제다. 내 감정에 대한 감정이 문제다. 내 행동에 대한 행동이 문

제다. 문제 인식에 대한 왜곡된 태도의 전환이 필요하다. 자기인식·타인 인식·상호인식 과정에서 왜곡된 부정적인 가족 관계를 긍정적으로 전환해야 한다. 개인의 문제와 관계의 문제는 상대적이다. 수천 쌍의 가족 상담을 해보니 가족 문제의 70% 이상은 부부의 문제이고, 부부 문제의 50% 이상은 자기 문제라는 것을 알게 되었다. 그리고 자기 문제의 70% 이상은 어린 시절의 문제요, 부부 문제의 50% 이상은 결혼 초기의 문제라고 생각된다.

사람이 문제가 아니라 문제가 문제다

흔히 이 사람이 문제고, 저 사람이 문제고, 내가 문제라고 표현한다. 그러면서 술이 문제다, 돈이 문제다, 여자가 문제고 남자가 문제다, 라고 말한다. 과연 그럴까? 문제라고 지적받은 사람은 자신이 문제라고 생각하지 않는다. 일부 문제에 대한 책임을 인정할 수는 있다. 그러나 모든 것이 자기 문제라고 매도당하면 억울할 수밖에 없다. 술도 억울하다. 돈도 억울하다. 이 사람도 억울하고 저 사람도 억울하다. 남자도 억울하고 여자도 억울하다. 나 혼자 살아도 갈등과 문제가 많다. 나의 문제는 나 자신의 생각에 대한 나의 생각이 문제다. 나 자신의 감정에 대한 나의 감정이 문제다. 나 자신의 행동에 대한 나의 표현 방법이 문제다. 나 자신의 생각에 대한 생각이 긍정적이냐 부정적이냐에 따라 나의 삶이 달라진다. 나 자신의 감정에 대한 나의 감정이 편한가, 불편한가에 따라 나의 행동이 달라진다. 나의 행동에 대한 행동이 익숙한가, 어색한가에 따라 나의 표현 방법이 달라진다. 죄는 미워도 인간은 미워하지 말라고 했다.

사람과 죄를 분리하자. 사람마다 생각, 감정, 행동 방식이 다를 뿐이라는 것을 먼저 이해하고 나서 문제의 핵심을 탐구해보자. 문제의 핵심을 알면 그 문제는 절반 이상 해결된 것이란 말도 있다.

문제의 핵심을 모르면 대화가 겉돈다

배우자와 대화가 겉돌면 서로를 대하는 태도가 변할 수밖에 없다. 참고 삭이면 겉으로는 평온해 보인다. 그러나 속으로는 폭풍처럼 거친 물결이 출렁이고 있다. 시간이 흐를수록 '당신 없이는 못살아!'가 '당신 때문에 죽겠어!'로 변한다. 불과 몇 년 만에 180도 돌변할 수 있다. 연애 때는 '이보다 더 좋을 순 없다'였는데 결혼 후에는 '이보다 더 나쁠 순 없다'가 되었다고 고백하는 사례도 많다. 그들은 자포자기 상태에서 별거나 이혼을 선택한다. 마지막 지푸라기라도 잡는 심정으로 배우자가 대화하자고 요구하는 것은 단순히 이야기하자는 의미가 아니다. 자신에 대한 관심을 보여 달라고 요구하는 것이다. 요즘 자신의 입장이 얼마나 힘든지, 가족 관계에서 자기 상황이 얼마나 복잡한지, 답답하고 절박한 마음을 하소연이라도 하고 싶은 것이다. 그런데 시작하는 말투가 1인칭이 아니라 2인칭이면, 첫 마디부터 감정이 상하니까 배우자는 피할 수밖에 없다.

문제에 대한 정보의 순환체계가 다르다

모든 사람은 각자의 입장에서 다르게 인식하고 다르게 행동할 수밖에 없다. 눈·코·입·귀 등의 감각기관을 통해서 들어온 정보를 어떻게 인식하느냐는 사람마다 다르다. 사고체계에 따라 인식한 정보를 다르게 판단한다. 감정체계가 어떻게 느끼는가에 따라 달라진다. 어떤 사실 상황에 대한 느낌의 농도에 따라 의도나 목적이 달라진다. 사고나 감정체계의 판단과 느낌에 따라 표현의 체계가 달라지고, 행동의 패턴이 다르게 나타날 수밖에 없다. 또 자기 행동체계 패턴에 대한 생각이나 감정이 긍정적이냐 부정적이냐에 따라 선순환이 될 수도 있고 악순환이 될 수도 있다. 술 자체가 문제가 아니다. 술에 대한 내 생각에 대한 생각이 긍정적인가 부정적인가에 따라 술에 대한 태도가 달라지는 것이다. 돈에 대한 내 감정에 대한 감정이 긍정적인가 부정적인가에 따라 내가 돈을 대하는 태도가 달라지는 것이다. 어떤 사람에 대한 내 생각이나 감정이 긍정적인가 부정적인가에 따라 그 사람을 대하는 나의 태도나 행동이 달라지는 것이다. 가족 문제도 가족에 대한 나의 생각이나 감정이 긍정적인가 부정적인가에 따라 나의 인식과 태도, 표현 방법 등이 달라진다. 배우자에 대한 나의 생각이나 감정이 긍정적인가 부정적인가에 따라서 내가 배우자를 대하는 태도나 표현 방법이 달라진다.

자극과 반응 사이에 대한 감정 이해가 필요하다

내 감정은 외부자극이나 환경에 영향을 받는다. 무조건 외부환경이나 자극에 따라 내 느낌이 달라지는 것이 아니라 그 자극에 대한 내 상황과 그 순간 나의 욕구나 의도에 따라 내감정이 달라진다. 느낌이나 감정은 욕구의 충족이나 충족되지 않는 욕구를 나타내는 신호다. 내 안에 부정적인 감정이나 생각이 많다면 내 상황이 그만큼 부정적으로 왜곡되고 힘든 상황이거나 내 느낌을 건강하게 적절하게 반응하는 것일 수도 있다. 상대방의 부정적인 태도에 내 감정이 긍정적인 것은 그때 내 상황이 부정적인 상황일 가능성이 높다. 상대방의 부정적인 태도에 내 감정도 부정적인 것은 건강한 상태에서 적절한 표현이라고 할 수 있다. 상대방의 긍정적인 태도에 내가 부정적인 감정을 느끼는 것은 내가 예민하거나 왜곡시켜 과민반응을 보인 것이다. 상대방의 긍정적인 태도에 내가 긍정적으로 느낀 반응은 건강한 상태에서 적절한 느낌이 될 수 있다. 초점은 어떤 자극에 대한 1차적으로 느낀 감정보다 2차적으로 느끼는 감정에 관심을 가지고 적절하게 반응할 수 있도록 부부나 가족을 비롯한 인간관계와 자기건강성을 관리하는 것이 중요하다. 무조건 좋은 게 좋은 것이 아니다. 무조건 긍정도 적절하지 않다. 외부 자극이나 환경, 상황에 따라 다르고, 자기 상황과 느낌 생각에 따라 다를 수밖에 없다.

문제 해결의 우선순위는 자기부터 출발하는 것이다

자신의 소중함을 인식하지 못하는 사람은 가족을 자신과 동일시하는 경향이 있다. 그러면 가족구성원들이 소외감을 느낄 수밖에 없다. 가족도 중요하지만 더 중요한 것은 자기 자신이다. 자기보다 가족이 더 소중하다고 살면 중년의 위기 상황이 반드시 온다. 성공해도 허전하고 외롭고 불안한 마음이 더 크다. 가족관계의 악순환을 경험할 수밖에 없다. 자기밖에 모르는 이기주의자가 되라는 것이 아니다. 자신이 중요한 만큼 배우자도 똑같이 소중하다는 것을 인식하고, 상대방이 그렇게 느낄 수 있도록 노력하자는 것이다. 삶의 과정에서 실수했다고 해서 자책할 필는 없다. 의도적으로 상대를 무시하거나 괴롭히지 않았다면 최선을 다한 것이기 때문이다. 하지만 생각이 짧고 여유가 부족했다는 것을 인정하고 사과하자. 문제에 대한 생각과 마음의 여유가 필요하다. 그동안의 선입견, 편견, 고정관념 같은 부정적인 생각을 긍정적으로 전환하는 과정이 필요하다. 아쉬움, 서운함, 원망 같은 부정적인 감정을 내쫓고 친밀감, 신뢰감, 애정 같은 긍정적인 감정으로 채워가야 한다. 이러한 과정은 하루 아침에 이루어질 수 없다. 쉽지는 않겠지만 결코 불가능하지도 않다. 나와 우리 가족이 가진 문제의 핵심을 파악하고, 그것을 해결하기 위해 함께 노력해 가는 태도와 자세가 중요하다는 사실을 다시 한 번 강조한다.

부부싸움의
시작은
말투다

가족갈등의 씨앗은 말투다

부부 싸움은 말투에서 비롯된다. 가정폭력도 말투에서 시작된다. 말투는 말머리, 말중간, 말꼬리로 구성된다. 특히 말투는 말머리와 말꼬리가 중요하다. 말머리는 말하는 사람이 누구라는 것을 표현한다. "나는~"과 같이 주어, 즉 누가 말하느냐로 시작된다. 말꼬리는 말하는 사람의 느낌이나 생각을 표현한다. 즉 "~외롭다"와 같은 동사나 형용사를 말한다. 말중간에도 판단하고, 평가하고, 비교하는 단어나 어휘가 포함될 수 있다. 판단과 평가, 비교할 때는 신중해야 한다. 자신의 입장을 적절하고 지혜롭게 표현해야 한다. 자기 생각을 표현할 수 있는 적절한 언어를 찾지 못할 경우 폭언이나 폭력과 같은 일방적인 행동으로 표출된다. 특히 가족언어는 나와 우리의 개념이 불분명하다. 말머리와 꼬리를 생략하거나 반말, 즉 비칭 표현은 오해를 가중시켜 관계를 악화시킨다. 모든 말투의 큰 주어는 항상 자기 자신일 뿐이다. 상대방 말투에 대한 느낌이나 생각은 사람마다 다르다. 표현하는 사람의 말투에 담긴 의도나 목적도 다르다. 각자 입장에서 자기 체험에 따라 익숙함과 어색함이 다르다. 같은 말투라도 친밀감의 정도나 자기 상태에 따라 수용정도의 긍정과 부정의 농도가 다르다. 말투는 인간관계의 척도다. 말투는 그 사람의 인격이다. 부부의 말투에 따라 가족 관계가 달라진다.

모든 증상에는 이유가 있다

모든 증상은 자기방어나 자기보호에 필요한 신호일 뿐이다. 사회적 통념이나 일반적 기준으로 강요해서는 안 된다. 부부는 상담자처럼 성장과정이나 삶의 과정에서 상처받은 감정을 토설하도록 도와주고 충분한 위로와 지지 공감을 통해 증상이 개선될 수 있게 도와주어야 한다. 특히 초기 증상에서 핵심적인 속감정을 토설하도록 도와주고, 그 순간 원했던 것이 무엇인지 이해하고, 인정해 줌으로써 증상을 완화해주어야 한다. 상담 후에도 스스로 대화를 통해 문제와 증상을 해결할 수 있도록 도와주는 것이다. 인정한다는 것은 잘하는 것도 인정하고 못 하는 것도 인정하는 것이다. 나의 잘못도 인정하고 상대 잘못도 인정한다. 자신을 있는 그대로 수용할 수 있을 때 가까운 가족도 있는 그대로 인정할 수 있다. 그래야 함께 있어도 부담이나 불편함이 아닌 편안한 마음을 가지고 관계를 유지할 수 있다. 잘하는 것이 모두 선(善)은 아니다. 잘하지 못하는 것이 모두 악(惡)도 아니다. 잘하지 못한다고 모두 나쁜 것은 더욱 아니기 때문에 잘잘못만 따져 이분법으로 사람을 매도하는 것은 문제 해결에 도움이 안 된다. 극단적인 예로 의사가 칼질을 잘하면 생명을 살릴 수 있지만, 강도가 칼질을 잘하면 생명을 죽일 수 있다. 모든 증상에는 이유가 있다. 왜곡된 증상을 보이는 사람이 핵심적인 속감정을 토해낼 수 있게 도와주고, 위로와 지지를 통해 치유될 수 있도록 해줘야 한다.

지혜로운 말투는 위기를 기회로 바꿀 수 있다

적절한 말투는 기회를 기적처럼 변화시킬 수 있다. 내가 변하지 않으면 상대도 변하지 않는다. 내가 변하면 상대도 변할 수밖에 없다. 둘 다 함께 변하면 원하는 대로 변한다. 자신의 패러다임이 먼저 변해야 한다. 자기 틀 안에 갇혀서 자기 기준으로 상대를 바꾸는 것은 불가능하다. 배려라는 이유로 무관심하거나 소극적으로 대하면 관계는 멀어진다. 말투를 부드럽게 하기 위해서는 다음과 같이 셀프토크나 자기표현 방법을 연습해보자.

- 위기의 순간에도 "나는 할 수 있다. 나는 괜찮다. 나는 행복하다" 등 자기긍정의 메시지를 암송한다.
- 자기방어가 아니라 자기고백이 중요하다. 특히 부정적인 상황이나 감정을 표현할 때는 1인칭으로 느낌 감정까지 적절하게 표현해야 한다.
- 자기 잘못을 인정하는 것과 상대방 감정을 인정해 주는 것은 다르기 때문에 상대방의 표현된 감정을 판단하지 말고, '그랬구나' 하고 있는 그대로의 감정을 인정해 주어야 한다.
- 화난 감정을 다스리기 위해서는 왜 화가 났는지 생각하면서 글을 써라. 화난

순간 "나는 지금 화가 난다"고 글을 써라. 필기구가 없으면 "나는 지금 화가 난다"라고 3회 이상 말로 표현하라. 그래도 화난 마음이 가라앉지 않으면 "그 랬구나, 그래서 화가 났구나"라며 자신과 대화를 하라. 그것을 말과 글로 반 복하다 보면 위기가 기회로, 기회가 기적처럼 달라질 수 있다.

말투는 자존감과 회복탄력성에 영향을 받는다

자존감이 높은 사람의 말투는 부드럽고 여유가 있다. 회복탄력성은 자기 조절력, 대인관계력, 과업성취력의 척도다. 자기력, 관계력, 성취력이 포 함된 회복탄력성을 강화하기 위해서는 몸과 맘, 말과 성, 돈과 일의 균형 감각과 관리능력이 중요하다. 몸은 마음의 집이다. 몸이 아프면 마음은 감옥이다. 마음은 몸의 살림이다. 마음이 편안해야 몸도 건강하다. 살림 살이가 잘 활용될 수 있도록 적절하게 준비되어 있어야 집도 아름답다. 말은 몸과 마음의 신호다. 말은 마알, 즉 마음의 알갱이란 말도 있다. 말 투는 몸과 맘의 온도 차이를 표현하는 척도다. 대화할 때는 대놓고 화내 지 말고 자기 생각과 감정, 행동을 1인칭으로 적절하게 표현하자. 상대 방의 생각, 감정, 행동을 있는 그대로 수용하고 적절하게 공감해 주는 태 도와 자세, 표현 방법도 중요하다. 부드럽고 지혜로운 말투로 부부대화 를 즐기면서 행복한 부부 문화를 창출하고 정착시켜 나가자.

악처와
악부

아내는 악처 중의 악처인가

네이버에서 악처를 검색해보면 지식백과에 다음과 같은 글이 있다. 여자에게는 양처의 얼굴과 악처의 얼굴이 동시에 존재한다. 남편에게 애교를 떠는 양처(良妻)와 남편을 앙칼지게 몰아붙이는 악처(惡妻)가 있다. 사전적 의미의 악처는 마음이 바르지 못하고 행실이나 성질이 악독한 아내, 즉 'Bad Wife'를 가리킨다. 결혼한 여성을 흔히 아내, 부인, 처 등으로 호칭한다.

　동서고금을 막론하고 악처는 유난히 시대의 영웅에게 많았다. 나폴레옹의 처 조제핀, 링컨의 처 메리, 아우구스투스의 처 리비아, 아인슈타인의 처 엘자, 워싱턴의 처 마사, 유방의 처 여후, 푸치니의 처 엘비라, 하이든의 처 마리아 등이 악처에 속한다. 특히 철학자 소크라테스(기원전 469~399)의 처 크산티페, 천재 음악가 모차르트(1756~1791)의 처 콘스탄체, 대문호 톨스토이(1828~1910)의 처 소피아는 세계 3대 악처로 불린다. 이 중 크산티페는 '악처의 원조'로 불린다. 이름의 영문명 'Xanthippe'가 악처라는 뜻으로 쓰일 정도다. 소크라테스에게 화가 난 크산티페가 악담 끝에 남편의 머리에 물을 끼얹었다. 그러자 소크라테스는 아무 일 없었다는 듯 태연히 "천둥 번개 다음에는 큰비가 내리게 마련이지"라고 말했다는 유명한 일화가 있다.

악처만 있고 악부는 없는가

과거 자료를 보면 악처는 있고 악부는 없는 것 같다. 과거 남성중심 사회의 왜곡된 결과다. 그런데 처음부터 악처인 사람은 없다. 부인에게서 악처의 얼굴을 끄집어내는 것은 남편의 몫이다. 악처는 현대적 시각에서 보면 남편과 가정의 발전에 주도적인 역할을 했던 강한 아내라는 해석도 가능하다. 거장(巨匠)의 아내들은 하나같이 남편이라는 거목에 가려 더 나쁘게 묘사됐다. 억울하게 악처의 오명을 뒤집어쓴 측면이 있다. 크산티페의 악행은 후세 사람들에 의해 과장된 부분이 있다. 자료가 부족하다 보니 상상력이 들어가 부풀려진 것이다. 소크라테스는 처의 험담을 입에 달고 다녀 '크산티페=악처'라는 등식을 만든 장본인이었다. 혹자는 악처인 아내 덕분에 소크라테스가 철학에 매진할 수 있었다고 말하기도 한다. 처의 입장에서 보면 소크라테스는 추남에 나이 많고 경제력도 없는 구제불능이었을 것이다. 집안일에는 전혀 관심을 두지 않으면서 제자들과 어울려 다니기만 했기 때문이다.

모차르트의 처 콘스탄체는 남편의 장례식에도 참석하지 않았고 악보를 헐값에 팔아넘겨 세간의 눈총을 받았다. 덴마크 귀족과 재혼한 것도 못마땅하게 여겨졌다. 하지만 그럴 만한 이유가 있었다. 모차르트가 죽을 때 빚이 있었던 데다 자식들을 키우려면 악보라도 팔아야 했던 것이다. 몸이 아파서 장례식에 불참했고, 허약 체질에도 모차르트와 9년 동안 살면서 6명의 아이를 낳았다. 재혼한 것도 사별한 지 7년 뒤였고, 둘은 함께 모차르트의 전기를 집필하기도 했다. 현모양처가 아닐지언정 부정(不貞)하거나 무식한 여자는 아니었던 듯하다.

톨스토이의 처 소피아는 남편이 82세의 나이로 가출해서 시골 간이역에서 죽게 한 원인 제공자로 알려져 있다. 하지만 소피아도 이제껏 알려진 것과 다르게 재조명되고 있다. 소피아는 악필로 유명한 톨스토이의 원고를 일일이 깔끔하게 정서해준 훌륭한 조력자였다. 48년간 남편과 동고동락하며 무려 13명의 자녀를 낳았다. 저작권 문제로 끊임없이 남편과 다툰 이유도 생계를 맡아야 하는 절박함에서 나온 당연한 요구였다.(네이버 지식백과 자료 참고)

악마인가 정신병자인가

소크라테스는 "양처를 만나면 행복한 사람이 되고, 악처를 만나면 철학자가 된다"고 했다. 부부상담 사례에서도 한쪽 말만 들으면 모두 악처요 악부다. 아내들은 남편이 자기 마음을 조금도 몰라주는 잔인한 악마인 것처럼 이야기한다. 그 남자는 인간도 아니라고 매도하면서 악부라고 강조하는 것이다. 남편들도 자신의 아내가 악처라고 주장한다. 잔소리나 과거 이야기를 반복하는 정신병자로 매도한다. 두 사람을 함께 만나 이야기를 들어보면 두 사람 다 나름의 이유가 있다. 악처와 악부가 될 수밖에 없었던 상황을 고백하면서 서로 억울하다고 하소연한다.

가해자는 없고 피해자만 있다. 부부들의 하소연을 듣다보면 닭이 먼저냐 계란이 먼저냐 하는 논쟁을 보는 것 같다. 상처받아 옹어리진 자신의 감정을 적절하게 표현하지 못한 채로 상대방을 비난한다. 자기 자신의 부족한 부분은 현실적인 상황을 기준으로 합리화하면서, 상대방은 아주 이상적이고 합리적인 기준으로 평가하고 매도한다. 이들이 연애 때부터 악처와 악부는 아니었다. 자기표현 방법이나 상대방과 소통하는 방법이 서투른 사람들일 뿐이다. 결혼생활 중에 발생하는 불만과 분노를 참고 삭이다 보니 악순환이 더욱 가중된 것이다. 그 누구도 원래부터 나쁜 여자, 나쁜 남자는 아니었다. 일반적으로 다른 사람들에게는 친절하고, 좋은 사람으로 평가받는 경우도 많다. 직장에서도 인정받고 대화도 잘한다. 그런 사람들이 단지 부부에 대한 개념이나 정체성이 약하고, 부부 대화의 스킬이 부족하다는 이유로 악처나 악부로 매도당하는 현실이 안타깝다.

최근 112 경찰에 신고당한 부부폭력 사건이나 자녀와의 갈등으로 폭언, 폭력행위 사례자들을 보면 악부가 더 많아지고 있다. 데이트 폭력사건이나 전 세계적으로 확산되고 있는 미투 운동 사례자들의 실상이 적나라하게 공개되는 것을 보면 22세기에는 악처보다 악부가 훨씬 더 많았다고 기록될 것이다. 악처와 악부로 매도당하지 않기 위해서는 지금부터라도 나와 우리 가족에서부터 일방적인 폭력문화를 추방하고 상호 존중하면서 윈윈할 수 있는 지혜를 모아야 한다.

부부는
상처 치유와
성장의 동반자

부부는 상처 치유와 성장의 동반자다

상처 없는 사람 없고, 완벽한 사람 없다. 부부는 상처의 치유와 성장의
동반자로서 동전의 양면처럼 기쁨과 슬픔을 함께 공유한다. 역기능 가족
관계 속에서 상처받은 충격이나 성인아이증후군 등을 배우자가 수치심
을 느끼지 않고 극복할 수 있도록 무조건 수용하며 안전한 지지자가 되
어 주어야 한다. 조급하게 서두르지 않고, 판단하지 않고, 적극적인 위로
와 지지, 공감을 통해 조건 없는 사랑으로 감싸 주어야 한다. 실수를 반
복하며 넘어지고 함정에 빠지더라도 시행착오의 과정이라고 생각하고
도와주자. 배우자에 대한 지나친 기대감이나 욕망은 서로에 대한 부정
적인 감정을 쌓이게 할 수 있다. 아무리 맛있고 깨끗한 음식이라도 찌꺼
기가 발생하고, 뱃속에 들어가면 일부는 흡수되지만 대소변으로 나온다.
자신에 대한 찌꺼기나 상대방에 대한 부정적인 감정 쓰레기들을 적절하

게 처리하는 방법을 배워야 한다. 과거 이야기로 매도하지 말고, 상처받았던 그 순간으로 돌아가야 할 이유가 있다. 그 이유를 깨닫는 순간 상처의 치유가 시작된다.

상처받은 마음을 적절하게 표현하면서 부수고 깨뜨려 나가면 결국 가루로 만들어버릴 수 있다. 수십 년 동안 벽처럼 두껍게 응어리진 부정적인 속마음까지 잘게 잘게 갈아서 날려 버리자. 참고 삭이고 억압하기만 하면 바윗돌처럼 내 삶을 무겁게 짓누르고 있다가 어느 날 갑자기 폭발해버릴 수도 있다. 배우자는 상처받은 배우자가 선입견, 편견, 고정관념을 잘게 부수어 분리수거할 수 있도록 도와주고, 긍정적으로 전환될 수 있도록 촉진자가 되어 주어야 한다. 항상 그 순간의 상황에 대한 생각, 감정, 행동에 관심을 갖고 적절하게 표현하는 것이 중요하다. 부부는 상대방의 답답함, 억울함, 분노 등과 같은 부정적인 감정을 객관화시켜 토설하고 표현할 수 있도록 도와주고, 억압된 감정에서 자유롭게 벗어나 새로운 긍정적인 감정으로 채워가며 함께 성장할 수 있어야 한다. 그래서 부부는 상처 치유와 성장의 동반자가 되어야 하는 것이다.

부부는 가장 우선적인 특별한 관계다

부부는 서로에게 가장 우선적인 존재이기 때문에 우선순위에서 밀리면 안 된다. 결혼 제도는 일부일처제를 중심으로 발전해 왔다. 부부는 서로에게 유일한 존재로서 정서적, 육체적, 경제적인 공동생활을 하면서 의식주를 함께 해결해야 한다. 일상생활과 함께 서로의 말과 행동이 쌓여가면서 신뢰와 안정감이 누적된다. 안정된 결혼생활은 서로가 성장하도록 도움이 되지만, 불신과 불안에 가득 찬 결혼생활은 서로의 에너지를 소진시키고 서로의 관계에 걸림돌이 될 수 있다. 부부가 서로의 입장을 존중해주고, 하고 싶은 말을 들어 주면 서로의 마음이 안정된다. 대화를 거부당하면 마음에 상처를 받아 불안하고 답답하고 조급해지면서 부정적인 감정이 증폭된다. 부부는 어떠한 경우에도 서로를 비난할 자격이 없다. 비정상적인 언행으로 실망감을 주는 가족에게도 나름의 이유가 있는 법이다. 그 사람의 몸과 마음이 아픈 상황이거나, 이전에 가족들로부터 실망했던 경우가 많다. 또 외부의 업무나 사람들로부터 스트레스를 많이 받고 있거나, 몸과 마음의 여유가 없기 때문에 실망스런 행동을 하는 것일 수도 있다. 그런 상황에서 가족이라면 도움을 주거나 돌봄의 대상이어야지 비난이나 공격의 대상이 되면 남보다 못하는 관계가 된다. 당사자는 가족이 싫어서가 아니라 자신이 버티기 어렵고, 더 이상 다른 사람에게 상처받고 싶지 않아서 피하는 것일 수도 있다. 인간관계는 단순하지 않고 복잡하기 때문에, 부부처럼 안전한 지지자와의 특별한 관계 맺음이 필요하다.

보이지 않는 희망이 보이는 고통을 이길 수 있다

부부 갈등이 악순환을 이루면 자학과 가해 행위가 반복된다. 아무리 힘든 순간도 결국엔 모두 지나간다. 고통은 성공을 위해 지불해야 하는 대가일 뿐이다. 고통스러운 감정에서 벗어나는 것과 편안해지는 것은 다르다. 진정으로 편안해지려면 안정감, 친밀감, 행복감이 느껴져야 한다. 많은 사람이 지옥 같은 현재 상황에서 벗어나기만 하면 편안해질 것으로 착각하며 시행착오를 반복한다. 직시하지 않고 외면하면서 어둠 속을 헤매는 것처럼 방황하다가 아쉬움, 억울함, 외로움, 슬픔, 미련 때문에 또 다른 부정적인 감정에 사로잡혀 불안한 생활을 반복하는 경우가 많다. 배우자라도 서로의 속마음을 읽어줄 정도로 여유가 없는 경우가 많다. 부부는 일심동체가 아니라 이심이체다. 둘이 하나가 될 수는 없다. 어디까지나 둘은 둘이다. 가족이라는 이름으로 단점을 부정적으로 지적하면 동기부여가 아니라 오히려 동기가 박탈될 수도 있다. 어떤 고통도 순간적이고 지나갈 뿐이다. 보이지 않는 희망이 보이는 고통을 이길 수 있다.

사람은 실패를 통해 성장하고 깨달음을 통해 성공한다

가족 간에 대화가 부족하면 소속감이 없어지고, 소외감과 외로움으로 인해 괴로워진다. 삶은 나에게 시간과 공간을 부여했다. 그것을 채워가는 것은 나의 몫이다. 부부는 삶의 동반자다. 삶은 대화로 시작해서 대화로 끝난다. 부부대화가 중단되면 가족관계도 단절된다. 아내의 감정 폭탄이 싫어서 바위처럼 묵묵부답으로 버티는 남편들이 있다. 남편이 그와 같이 무관심하면 아내의 적개심도 활활 타오른다. 부부 관계의 고통을 줄이고 즐거움을 강화하기 위해서는 서로에 대한 생각, 마음, 행동에 관한 부정적인 표현을 줄이고 긍정적인 표현을 늘리자. 상처를 치유하고 갈등을 극복하기 위해 나부터 실천하자. 사람은 실패를 통해 성장하고 깨달음을 통해 성공한다. 부부는 나와 우리 가족뿐만 아니라 인류의 발전과 성장을 위해 다음과 같이 항상 노력하여야 한다.

- 선입견, 편견, 고정관념과 같은 왜곡된 신념이나 비합리적인 신념을 긍정적으로 전환하는 과정이 중요하다.
- 생각의 각도와 범위를 넓히자. 상처받은 이후의 결과적 인식이나 결과적 증상에 따른 인지적 왜곡현상을 긍정적으로 전환하려는 태도와 기술이 필요하다.
- 긍정적인 감정이나 부정적인 감정을 있는 그대로 느껴보자. 내가 지금 느끼고 있는 감정이 무엇인지, 느끼지 못한 감정이 무엇인지를 있는 그대로 받아들이도록 노력해보자. 그렇게 느낀 감정을 적절하게 표현해보자.
- 배우자에 대한 아쉬움, 서운함, 원망, 답답함, 억울함, 분노 등의 부정적인 감정을 줄이고, 친밀감, 신뢰감, 애정, 안정감, 존중, 배려와 같은 긍정적인 감정이 늘어나도록 서로를 도와주어야 한다.
- 부부는 마음의 여유를 가지고 나와 우리 가족의 감정 에너지를 충전하고, 인류의 발전과 성장을 위해 함께 노력해야 한다.

부부로 행복하기 위한 1인칭 공감대화 훈련법

1인칭 공감대화란 대화법에서 가장 기초적이고 기본적인 것이다. 흔히 말하는
I- Message와 비슷하지만 말하는 사람은 자기를 주어로 하여 느낌까지 적절하게
표현하는 것을 강조하고, 듣는 사람 입장에서는 '그랬구나'라고 공감해 주면서
서로의 속마음까지 허심탄회하게 주고받을 수 있는 상호 존중 대화를 말한다.

1. 자기감정 표현하기

- 나는 _____ 하는 것이 서운해요.

- 나는 _____ 하는 것이 불안해요.

- 나는 _____ 해서 답답해요.

- 나는 _____ 하는 것이 싫어요.

- 나는 _____ 해서 화가 나요.

- 나는 _____ 하는 것이 억울해요.

2. 1인칭과 2인칭 표현의 차이 이해하기

2인칭표현	1인칭표현
너 ~ 왜 그래	**나 ~ 이래**
어떻게 그럴 수 있어	**나는 당신이 그랬을 때 답답해 / 화가 나**
왜 늦었어	**나는 당신이 늦어서 불안하고 걱정했어**
무슨 일 있었어	**나는 당신이 무슨 일 있었는지 궁금했어**
용돈 얼마죠	**나는 용돈 얼마가 필요해**
어디야	**나는 네가 어디 있는지 알고 싶어**
결혼 언제 할 거야	**나는 네가 결혼에 대해 어떻게 생각하고 있는지 궁금해**
밥죠	**나는 배고파**
음료수 가져와	**나 목말라 / 음료수 먹고 싶어**
왜 울어	**나는 당신이 울고 있으니까 무슨 일이 있었는지 궁금해**
너밖에 모르잖아	**나는 혼자라는 생각이 들어 외로워**
그렇게 하지 마	**나는 그렇게 하는 것이 싫어**
네 생각은 어때	**나는 네가 어떤 생각을 갖고 있는지 궁금해**

* 2인칭 표현은 주어를 '너/당신'으로 하여 상대방의 사실이나 상황에 초점을 맞춰 표현한다.
* 1인칭 표현은 주어를 나로 하여 자기 느낌 감정 중심으로 표현한다. '나'라는 주어를 생략해도 좋다.

- 대화는 가족관계의 시작이요 끝이다.

- 상대방이 들을 준비가 되어 있는지 확인하고 적절하게 주고받는다.

- "나"를 주어로 하는 1인칭으로, 내 느낌과 감정까지 명확하게 표현한다.

- 사실과 상황이 아니라 자신의 구체적인 느낌과 감정 중심으로 표현한다.

- 서로의 느낌과 감정을 있는 그대로 받아들이고 즉시 반응해준다.

- 자신의 감정은 스스로 느끼는 것이므로 남을 비난하거나 책임을 전가하지
  않는다.

- 서로의 감정을 이어주는 대화 훈련이 필요하다.

- 과거의 감정을 억누르거나 삭이지 말고, 적절하게 표현하도록 도와주자.

- 비언어적인 행동보다 언어적인 말과 글로 서로의 감정을 표현하자.

- 다름과 틀림을 구분하고, 잘잘못만 따지는 이분법적 사고에서 벗어난다.

- 남자와 여자의 대화 과정에서 발생하는 의미와 욕구의 차이를 인정하고 먼저
  배려해준다.

- 대화하고 싶지 않다는 신호와 사람 자체를 거부하는 신호를 구분한다.

- 궁금하거나 이해가 안 될 때는 자기 기준으로 판단하지 말고 다시 한번
  확인한다.

- 대화가 안 된다고 상대를 비난하지 말고, 자신의 표현이 적절했는지를 먼저
  생각해본다.

- 가족구성원 각자의 자유는 타인의 자유가 시작되는 데서 멈춰야 한다.

가족갈등을 푸는

화해의 기술

명절 스트레스,
주지도 말고
받지도 말자

밀물처럼 모였다가 썰물처럼 헤어지는 명절

저출산 고령사회, 농촌과 도시의 명절 가족문화가 극단적으로 충돌한다. 시골에서 성장한 남편들은 명절이 되면 늘 어머님 품속 같은 고향을 생각한다. 도시에서 태어난 아내들은 명절이 다가오면 마음이 두근두근해지고 감기몸살에 두통까지 겪는다. 몸과 맘이 아프다고 호소한다. 거기다가 교통 소통이 원활하지 못하고 가족 대화까지 불통되면 몸과 마음의 고통과 스트레스는 몇 배로 가중된다. 또 가족구성원 상호 간에 부정적인 체험이나 남녀 차별, 세대 갈등, 가족 애경사에 대한 부정적인 감정 등이 겹칠 경우 명절이 아니라 "멍절"이나 "노동절"이 될 수밖에 없다. 특히 설날은 연말연시의 복잡하고 혼란스러운 분위기로 인해 새로운 변화에 대한 욕구가 강하다. 추운 겨울 특유의 무거운 분위기로 인해 가족들이 느끼는 부담감이 더 커질 수 있다. 가족구성원들은 각자의 친밀감이나 욕구의 농도가 다르다. 그런 상태에서 만남과 헤어짐을 반복하면서 스트레스가 쌓이고, 혼란과 충돌을 피할 수 없게 된다. 그래서 밀물처럼 모였다가 썰물처럼 헤어지는 명절에 대해 기대감과 실망감이 교차한다.

스트레스는 주지도 말고, 받지도 말자

명절 스트레스란 명절을 맞이하여 가족구성원들이 정신적, 육체적, 경제적인 공동생활을 하는 과정에서 부정적으로 나타나는 생리적, 감정적 반응을 말한다. 명절에 가족들이 모이면 마음의 선물만 주고받자. 스트레스나 마음의 상처는 주지도 말고 받지도 말자. 가족 간에 대화할 때는 자신의 상황이나 느낌을 적절하게 고백하는 데 그치도록 하자. 다른 사람에 대한 지시, 명령, 강요, 비교, 비난, 무시하는 말투나 태도로 상대방의 감정을 상하게 하면서 스트레스를 주지 않도록 조심해야 한다. 참고 삭이는 것이 미덕인 줄 알고 부정적인 감정을 혼자서 참고 억누르면서 스트레스를 받는 사람들이 많다. 이런 행위도 중단하자. 긍정적이든 부정적이든 자신의 느낌이나 생각을 있는 그대로 느낄 줄 알아야 한다. 자신의 부정적인 느낌이나 생각을 1인칭으로 적절하게 표현하는 기술이 중요하다. 다른 사람들의 언행에 영향을 받아서 느끼는 스트레스의 경우에도 자기건강성의 정도에 따라 느낌의 강도가 다르다. 스트레스는 남이 주는 것이 아니라 자기가 느끼는 것이다. 명절 스트레스를 피할 수는 없을지라도 가족과 함께 해소하는 방법이 더 중요하다. 스트레스를 잘 다스리기 위해서는 평소 자기건강성을 확보하고, 마음의 대화를 나누면서 공감하고 배려해 주는 가족의 지지 체계가 중요하다. 해마다 반복되는 교통체증이나 명절증후군 등의 후유증이 최소화될 수 있도록 노력하자. 나와 우리 가족부터 먼저 선물만 주고받고, 스트레스는 주지도 말고 받지도 말자.

부부중심의 명절문화를 가꾸자

설날 같은 명절을 부부중심 가족문화로 전환하자. 과거의 농경사회나 대가족 중심 사회에서 전통적으로 이어져 온 가족 제도나 관행은 핵가족 중심의 도시적 생활 패턴과는 어울리지 않는다. 더구나 핵가족마저도 핵분열되고 있다. 2018년 4월 보건복지부가 발간한 '통계로 보는 사회보장 2017'에 따르면 우리나라 1인가구 수는 539만8000가구로 전체 가구 1936만8000가구 중 27.9%를 차지했다. 혼자 사는 가구가 대세가 되고 있는 것이다. 가족 문화가 시대의 흐름에 적응하지 못하여 몸에 맞지 않는 옷을 입고 있는 것처럼 불편하고, 부부싸움과 같은 가족 갈등의 요인이 되고 있다. 설날 같은 명절을 통해 가족구성원들의 긍정적인 체험이 강화되어야 한다. 그런데 요즘 가족갈등 상담사례를 보면, 명절 동안에 오히려 스트레스나 짜증, 욕구불만과 같은 부정적인 감정이 폭발하고 있다. 그 후유증으로 차라리 명절이 없었으면 좋겠다고 고백하는 사람도 있다.

과거 대가족 중심 사회에서는 대부분의 가족이 근거리에서 거주하였고, 다 함께 모여 음식을 만들고 나눠 먹는 것이 각자 해결하는 것보다 훨씬 편하고 경제적인 이익도 있었다. 그러나 지금은 가족들이 대도시나 해외에서 흩어져 사는 경우가 많다. 그래서 가족구성원들이 함께 모여 공동체로서 역할분담이 잘 이루어지기 어렵고, 가족모임에 대한 역효과가 더 크다. 명절의 사회적 의미는 '즐기거나 기념하는 날'이다. 그런데 명절 때마다 즐기기는커녕 막대한 스트레스를 느끼고 '명절증후군'에 시달리기 일쑤였다. '남편의 친척'들이 모이는 '가부장적인 행사'에서 아내는 그저 '일하는 사람'으로 취급받아서는 안 된다. 여성에게 고통이 가중되는 명절의 악습을 없애지 못하면 양성평등과 건강하고 행복한 가족문화는 불가능하다. 우리의 명절 문화도 달라져야 한다. 전통적인 명절과 가족 문화의 장점을 살리도록 노력하자. 어제보다는 오늘이, 오늘보다는 내일이 더 즐겁고 행복한 명절 문화가 나와 우리 가족에서부터 창출되고 정착되기를 희망한다.

명절은 가족 사랑을 체험할 수 있는 절호의 찬스

명절은 가족의 정을 느끼며 가족 사랑을 실천하고 확인할 수 있는 절호의 찬스다. 함께 나누고 즐길 수 있는 바람직한 명절문화가 정착되기 위해서는 가족구성원들 사이의 친밀감을 높일 수 있도록 긍정적인 체험을 많이 하자. 과거의 전통에만 얽매이지 않고 가족의 소중함과 함께 나누며 즐길 수 있는 새로운 가족공동체 문화가 창출되고 정착되어야 한다. 명절증후군에 대한 부정적인 인식도 개선되어야 한다. 명절이 싫은 것이 아니다. 가족관계가 불편한 것이다. 가족이 모두 싫은 것이 아니다. 역할분담이 적절하지 못하고 대화와 소통방법이 서툰 것이다. 사람이 싫은 것이 아니라 그 사람에 대한 나의 생각이나 감정이 부정적일 때는 만남이나 접촉이 불편할 수밖에 없다.

인간의 탄생과 성장, 소멸의 과정에서 가족의 중요성은 아무리 강조해도 지나치지 않다. 그래서 평상시 또는 주말을 이용하여 가족들의 기념일이나 애경사에 가족들을 초청하여 상부상조의 전통을 만들어가야 한다. 의무감 없이 자발적으로 모이는 것이 중요하다. 가족 모임 장소나 외식문화도 다양하게 발전하고 있다. 특히 추석과 설날 같은 명절 때는 오전에 부부중심 가족 단위로 각 가정에서 성의껏 준비한 음식으로 차례를 지내면서 소가족 단위로 즐겁게 보내는 것이 남녀노소가 명절에 대한 긍정적인 체험을 강화하는 데 도움이 된다. 그리고 명절 연휴 기간은 가족 여행이나 여가를 선용해서 전통적인 문화를 체험하고, 가족 간에 소통의 시간을 갖는 것이 중요하다. 하지만 가족구성원이라 할지라도 개인적인 상황이나 선택을 존중하고 불참하더라도 부정적인 관계로 매도하지 말고, 참석자 중심으로 즐겁고 화기애애한 분위기를 조성하는 데 초점을 맞추자. 그리고 제사는 직계 자녀 또는 가까운 가족들만 모여서 예를 표하는 것이 바람직하다. 부모님이 한 분이라도 생존해 계실 경우에는 그 부모님을 중심으로 모이는 것이 좋다. 저출산 고령사회에서 핵가족 중심의 가족문화가 긍정적으로 정착되기 위해서는 부부가 중심이 되어 개인의 다양성이 존중되고 세대가 융합할 수 있는 즐겁고 행복한 명절문화를 만들어가야 한다.

고부갈등은
남편의 태도가
중요하다

상담까지 거부한 남편이 더 밉다

동서고금을 막론하고 고부갈등 자체를 완전히 없앨 수는 없다. 혼자 살아도 갈등은 경험할 수밖에 없다. 부부대화가 잘 되고, 우선순위가 느껴지고, 소통이 잘 이루어지면 고부지간의 갈등상황이 있어도 극복할 수 있다. 갈등 자체를 피하려고 하지 말자. 갈등 상황에 직면했을 때 혼자 참고 삭이거나 일방적으로 해결하려고 하지 말자. 부부가 함께 대화로 지혜롭게 풀어가려는 태도와 방법이 중요하다.

MBC 위기가족 방송 프로그램에서 상담의뢰를 받은 어느 60대 여성은, 남편의 외도 후에 시댁 식구들의 비협조적인 태도로 이혼하여 5세 아들을 버리고 재혼하였다. 남의 아들 두 명을 키우다 다시 이혼하였다. 혼자 생활하다 30대 친아들을 찾았지만 문전박대 당했다. 전남편이 정신병원에 입원하여 치료 중이란 소식을 들었다. 조부모 유산의 유일한 상속자가 친아들인데 시고모들과 조카들이 독차지하고 있어 아들과 대화가 안 되어 답답하다고 하였다. 인천에서 핸드폰 가게에 다니고 있는 아들과 통화가 이루어졌으나 만나고 싶지 않다고 하였다. 아들은 3대 독자인데 할아버지가 남겨준 재산을 고모들이 착취해 가도 아무 말도 못 하고 혼자 산다. 60대 여성은 불쌍한 전남편과 아들이 원망스럽다고 하소연하였다.

고부갈등은 남편의 태도가 중요하다

어느 40대 여성은 차남과 결혼했지만, 시댁의 장남과 형님이 직장을 다니는 관계로 시댁의 집안일을 도맡아야 했다. 그러면서 시어머니와 자잘한 갈등이 많이 생겼고 그 와중에 시누이의 횡포가 심한데 남편이 제대로 역할을 못 해서 결국 이혼까지 고려 중이다. 맏며느리보다 더 열심히 집안일을 도맡아 했는데 당연시하고, 알아주는 사람이 없어서 많이 억울하고 우울하다. 시어머니나 시누이보다도 남편의 태도가 더 원망스럽다고 한다. 남편 한 사람만이라도 내 마음을 알아주고 위로해 준다면 극복할 수 있을 텐데. 시댁 식구들과의 관계 개선보다 남편과 함께하는 부부 대화나 상담을 통해 그동안 쌓인 억울함 같은 부정적인 감정들을 풀고 친밀감이나 신뢰감을 회복했으면 좋겠다. 노력해도 안 되면 그때 가서 이혼해도 늦지 않다고 생각하는데 남편이 상담을 거부하고 있어 너무 답답하고 미칠 지경이라고 호소하는 아내가 안쓰러웠다. 고부갈등보다 더 심각한 것이 부부갈등이다.

시댁 식구들의 폭력성이 무서워서 이혼을 못 하고 있다

어느 50대 여성은 이혼하고 싶지만 무서워서 못한다. 5남매 중 막내로 태어나 같은 직장에서 만나 결혼했다. 친구들과 가족들이 모두 결혼을 반대했었다. 그 아내는 결혼생활 30년이 늘 불안했다. 시댁 식구들이 행패를 부리고 시동생이 욕설과 폭언을 하면서 형제간에 싸우는 장면을 너무 많이 봤다. 죽고 싶어 자해도 하고, 이혼하고 싶어도 무서워서 못 도망갔다. 남편이 방세가 밀려서 아들 카드를 만들어 사용하려는 것을 반대하자 또 폭력을 당했다. 밤마다 악몽에 시달리면서 더 이상은 참기 어렵다고 부부가 함께 상담실을 찾아왔다.

　남편은 자기 말만 한다. 아내가 하는 말은 무시하고 말꼬리만 잡는다. 기초생활수급자로서 음주운전으로 면허가 취소되어 대중교통으로 현장을 오가는 시간이 매일 다르다. 남편은 교통사고 이후 공황장애 등으로 인해 장애등급을 받고 치료 중이다. 남편은 산에 올라가 떨어지거나 교통사고를 당해서라도 죽고 싶은 심정이란다. 집 임대료가 밀려 명도소송 판결을 받은 상태에서 아들에게 카드 사용을 요구했으나 거절당하자 격분하여 가정폭력으로 검찰에 송치된 사건이다. 아들이 아빠에게 도전하는 것을 보면 죽이고 싶을 정도로 화가 나지만 한편으로는 미안한 마음을 가지고 있다. 아들이 엄마에게 저런 남자랑 왜 사는지 모르겠다며 투덜거리는 소리를 듣고 남편은 화를 내고 메모해 온 내용을 읽어가며 자기방어를 했다. 가족이 모두 적이다. 원가족은 칼부림과 폭력이 난무하는 범죄 집단이라고 노골적으로 표현한다. 형이 동생을 고소했다고 인간이 아니라고 한다. 상담예약 후 술을 먹고 참석하여 인생 사표를 쓰고 싶다고 반복한다. 남편은 처자식에게 미안하다고 말은 하지만 진정한 반성이 없고, 죄책감을 느끼지 못하고 있는 것 같아 안타까웠다.

양가 가족에 대한 역할의 우선순위가 다르다

시가와 처가는 상호 보완적이면서도 대칭성을 가지고 있다. 고부갈등이나 장서갈등도 부부갈등에서 비롯된다. 배우자 역할에 대한 기대와 자기 욕구 충족에 대한 기대가 다르다. 부부는 어떠한 경우에도 우선순위에서 밀리면 안 된다. 특히 정서적인 친밀감, 신뢰감, 애정이 우선순위에서 밀릴 경우 부부갈등으로 인해 왜곡된 생활이 시작된다. 부모 역할모델의 존재와 부존재, 또는 부정적인 존재와 긍정적인 존재에 따라 배우자와의 결혼생활이 달라진다. 동성 부모가 조기에 사망한 사람은 자기 역할은 못 하면서 상대 탓을 많이 한다. 자기기준이 없어 자기통찰이 어렵고 반성할 줄 몰라서 자신의 욕구불만을 배우자 탓으로 표현한다. 이성 부모가 조기에 사망한 사람은 배우자에 대한 기대감이 높고 현실적으로 결핍된 욕구불만이 많다. 상대 기준에 대한 역할모델이 없어 자기 마음대로 평가한다. 동성 부모에 대한 부정적인 역할모델도 남편으로서, 아내로서, 부부로서의 역할 인지, 역할 수행, 역할 갈등을 극복하는 패턴이 적절하지 못하다. 결혼생활 자체를 버거워하면서 쉽게 포기할 가능성이 높아 왜곡된 패턴이 악순환한다. 고부갈등을 비롯한 시가와의 문제는 남편이 중심을 잡고 자신의 느낌이나 감정을 적절하게 표현하는 것이 중요하다. 처가와의 가족관계나 장서갈등은 아내가 주도적으로 해결하는 것이 바람직하다.

가족대화
불통에 대한
소통의 기술

가족은 개인이 아니라 대화와 소통이 필요한 관계적 공동체다

소통은 언어적인 대화와 비언어적인 태도와 몸짓 등을 수단으로 한다. 언어적인 대화에는 말하고 듣는 소리 언어와 읽고 쓰는 문자 언어가 있다. 문자 언어에는 문법적 기준이 있고 학교에서 교육받았다. 가족소통에 많이 사용되는 말하고 듣는 소리언어는 기준이 모호하고 개인 또는 가족마다 언어습관이 많이 왜곡되어 갈등의 요인이 된다. 자기를 표현하는 방법이 부족하고, 상대방 이야기를 있는 그대로 들어주는 방법도 서툴다. 그래서 가족갈등 상담 사례를 보면 어떤 사건의 사실 상황보다 말투 때문에 대화가 중단되고 싸움으로 악순환된다. 말하는 사람의 의도와 다르게 듣는 사람이 자기만의 해석과 판단으로 오해와 갈등이 증폭된 경우가 너무 많다.

예를 들면, 모처럼 외식모임을 했는데 한사람이 늦게 도착해서 분위기가 엉망이 되었다고 해 보자. 먼저 도착한 사람은 빨리 와서 함께 밥 먹었으면 좋겠다는 의도를 가지고 무심코 다음과 같이 말할 수 있다.

"너 어디야, (너) 빨리 와, (너) 왜 늦었어, (너) 일찍 오라 그랬잖아."

그런데 이렇게 말하면 듣는 사람 입장에서는 기분이 나빠질 수 있다.

상대방 기분을 상하지 않게 하면서 자기표현을 적절히 한다면,

"나는 도착했어, (나는) 지금 기다리고 있어, (나) 먼저 먹을게." 등 1인 칭으로 자신의 느낌, 생각이나 상황을 표현하는 것이 적절하다. 그리고 상대방이 들을 준비가 되었을 때, "나 혼자 기다리면서 창피했어, 식사 약속 시간이 지나서 화가 났어"라고 말하면, 늦게 도착한 사람이 "그랬구나! 창피하고 화가 났구나, 미안해"라고 사과하고, 기다렸던 사람이 "창 피하고 화가 났었는데 지금이라도 내 마음을 알아줘서 고마워"라고 사과를 받아주면 더 이상 갈등 상황으로 악순환하지 않는다.

왜곡된 가족언어 습관이 문제다

과거 영어교육이 말하기 듣기를 소홀히 하고, 읽고 쓰기만 강조해서 10년 이상 배웠어도 언어장애인 상태로 대화가 어려웠던 것처럼, 우리말을 사용하면서도 말하는 방법, 들어주는 방법이 너무 서툴러서 가족대화가 싸움이 된다. 어린 시절 말 가르치고, 배우는 과정에서부터 부모의 양육 태도나 기술이 중요하다. 말할 때는 주어를 '나'로 사용해서 자기 느낌이나 생각을 적절하게 표현하도록 노력하고, 들을 때는 있는 그대로 끝까지 들어주는 태도와 자세가 중요하다. 주어를 '너'로 사용한 2인칭 표현은 따지듯이 추궁당한 느낌, 지시 명령 강요당한 느낌, 판단 평가 비교

당한 느낌이 들어서 말하는 사람의 의도와 상관없이 듣는 사람의 입장에서는 기분이 나쁘다. 지혜롭게 말하는 사람은 상대방 기분이나 감정을 상하지 않게 하면서 자기 느낌이나 생각을 1인칭으로 적절하게 표현할 줄 알고, 듣는 사람은 말하는 사람이 무시 비난 거부당한 느낌이 들지 않도록 있는 그대로 받아 주면서 원하는 대화를 이어갈 수 있어야 한다. 가족갈등으로 오해하기 쉬운 증상에 대한 예를 몇 가지 살펴보면 다음과 같다.

1) 대화가 안 된다

대화는 상대방의 말을 들을 준비가 되어 있을 때 비로소 시작되는 것이다. 자기 생각과 자기 느낌만으로 상대방에 대한 불만을 표현할 경우, 또는 자기 기준만으로 상대방을 판단하고 비난까지 하는 대화 패턴이라면 대화가 안 된다. 또한 남자와 여자는 대화의 의미와 욕구가 아주 다르다. 특히 아내의 대화 욕구는 남편들의 성적인 욕구보다 더 우선적이고 강한 경우가 많다. 남편들이 잠자는 아내와도 성관계를 하고 싶은 욕구를 느끼듯이, 아내는 잠자고 있는 남편을 깨워 대화하고 싶은 욕구가 있다. 대화가 안 된다는 말은 대화방법이 서툴다는 의미도 있지만, 하고 싶은 말이 많아 대화의 욕구가 해소되지 못하고 있는 상태에서 마음의 대화를 갈망하고 있다는 것이다.

2) 자꾸 했던 소리를 또 한다

과거에 충격을 받은 사건이나 상황에서 느꼈던 분노, 슬픔, 실망 등 핵심감정을 충분히 이해받지 못하거나 그 마음이나 감정을 거부당한 경우 과거 이야기를 반복할 수밖에 없다. 비슷한 상황이나 비슷한 감정이 느껴지면 무의식적이고 반사적으로 연결된다. 그때 당시에 상처받아 웅어리진 왜곡된 감정이 위로나 지지를 받아 풀어질 때까지 자꾸 표현될 수밖에 없다. 잘잘못을 따지기 위함이 아니라 그때 상황에 대한 나의 감정을 있는 그대로 이해해주고, 인정받고 싶은 마음이 크기 때문이다. 과거에 부정적인 이야기가 반복되지 않게 하기 위해서는 단순한 사과나 사실 상황에 대한 설명보다도 그때 당시의 상처받은 마음이나 감정을 적절하게 토설하도록 도와주고, 그 감정을 있는 그대로 인정해 주고 위로나 지지를 충분하게 느낄 수 있도록 도와주어야 한다. 상대 감정을 인정해주는 것과 자기 잘못을 인정하는 것은 다르다.

SNS 가족대화방을 적극 활용하자

스마트폰이나 사이버상의 온라인 소통 서비스 프로그램인 SNS(Social Network Service) 가족대화방 즉 카톡이나 밴드, 페이스북, 트위터, 인스타그램, 카페나 홈페이지 등을 가족대화 수단으로 적극 활용한다. 특히 감정표현을 도와주는 이모티콘(그림말, emoticon은 '감정'을 의미하는 영어 'emotion'과 '유사기호'를 의미하는 'icon'을 합쳐서 만든 말) 산업은 최근에 폭발적으로 성장하고 있다. 그만큼 억압된 감정과 마음을 표현하고 싶은 욕구가 많았다는 것이다. 가족구성원 상호 간에도 사실 상황 중심의 대화뿐만 아니라 속마음까지 표현할 줄 알고, 주고받을 수 있어야 건강하다. 가사에 관한 의사결정 과정도 사전에 알려 토의하고, 의견을 통합하여 가족의 문제를 투명하고 공개적으로 해결하는 것이 바람직하다. 주의할 점은 자신의 일정과 생각이나 느낌을 1인칭 문장으로 먼저 고백하면서 공유하도록 하고, 개별적인 훈계나 지적 등의 부정적인 내용은 1 대 1 개별 대화로 진행하는 것이 좋다.

가족들의 감정, 생각, 행동의 소통이 원활해야 한다

의식주 공동생활에 대한 가족소통체계가 적절하게 유지되고 관리되어야 한다. 가족 상호간에도 원만한 소통을 위해 사전협의나 계약, 합의된 약속이 전제되어야 한다. 가족구성원 상호 간에 일방적이고 수직적인 태도는 소통의 적이 될 수 있다. 문자나 이모티콘, 댓글, 게시판이나 이메일 등을 통해 서로의 생각과 마음을 나누면서 서로에게 지지를 보내고, 가족 활동사진을 찍어 날마다 변한 모습을 소재로 사이버 가족대화를 즐길 수 있다. 가족구성원 상호간에 온라인과 오프라인 생활의 균형을 살리고 조화를 이뤄 가족공동체로서 역량을 강화하고, 시너지효과를 극대화 시켜야 한다. 사이버 가족공동체를 적극적으로 활용해서 자기 주도적으로 또는 함께 살아가는 삶의 지혜와 세상에 적용하는 방법을 공유하는 것이 가족갈등과 오해에 대한 화해의 기술이 될 수 있다.

자녀와의
갈등을 푸는
화해의 기술

자녀갈등의 유형에는 어떠한 것들이 있을까?

아이들의 문제 행동은 부부갈등의 증상이다. 가족대화 부족이 자녀들의 스트레스, 짜증, 욕구불만으로 연결되고, 불안감, 공포심, 두려움, 외로움, 슬픔 등 부정적인 감정들이 쌓여 침묵, 회피, 폭언, 폭력, 중독, 학대, 자해, 자살, 살인 등의 극단적이고 폭력적인 행동으로 폭발하는 경우가 많다.

저장강박증과 은둔형 외톨이 사례

서울 소재 주거지에서 30대 딸이 대학을 졸업하고 해외유학을 다녀온 후에도 방 안에서만 생활하면서 집안일은 도와주지 않고, 자기 방 정리 정돈도 하지 않고, 은둔형 외톨이처럼 무기력하게 있으니까 부모가 잔소리를 하였다. 딸이 반항하며 칼로 자살을 시도하니까 어머니가 "죽을 테면 죽어 봐"라고 하면서 폭력으로 부모가 제압했다고 딸이 경찰에 신고한 사례다. 피해자 진술 내용을 요약해보면 어린 시절에 어머니가 기저귀를 갈아 주던 것부터, 잠자고 있는 자신의 옆에서 부모가 성관계를 하던 것까지 기억난다고 고백했다. 초등학교 때 동네아저씨에게서 공중화장실에서 성추행을 당하면서 성적 피해의식과 자존감에 상처를 받아 불안감, 억울함 등의 부정적인 감정이 누적되었다. 부모의 무관심으로 원망과 분노가 포화상태가 되어 감정조절이나 판단능력이 약해지고, 무기력 상태에서 자기방어적인 경계심이 강화되어 은둔형 외톨이처럼 생활했다. 30대 성인이 자기 방뿐만 아니라 거실까지 산만하게 물건을 쌓아놓고 쓰레기장 같은 방에서 지내고 있었다.

가족상담(부+모+딸)과 피해자 개인 상담을 병행하였다. 저장강박증 환자나 은둔형 외톨이가 정리정돈을 못 하는 이유가 어린 시절부터 누적된 마음의 짐 때문이라는 것을 알려주고, 먼저 자신의 방을 정리하도록 도와주는 것이 효과적이었다. 버리지 못하는 마음과 불편한 마음을 비교해 본다. 깨끗함을 누리고 싶은 마음보다 버리고 싶지 않은 마음이 더 크면 정리정돈의 필요성을 못 느낄 수 있다. 정리 정돈을 해야 한다는 생각보다 자기가 사용했던 물건을 버리고 싶지 않은 마음이 더 크다는 것이다. 특히 의사결정 능력이나 우선순위에 대한 판단 능력이 부족하면 종합적 사고력이 약하고, 단순하게 그 물건에 집착하는 증상이 가중된다. 상처나 충격을 받아 특정 감정에 몰입되면 단순하고 사소한 것에 집착하여 종합적인 판단 능력이나 표현력이 약해진다.

어린 시절 부모를 비롯한 가까운 가족들과의 애착관계가 적절히 형성

되지 못하면 분리불안이 생기거나, 가족도 믿지 못하고 동물이나 물건, 또는 친구나 외부 상황에 집착할 수 있다. 사람에 대한 애착형성 과정에서 결핍된 욕구가 물건이나 자기 소지품으로 전이되었기 때문에 그것들을 버리지 못하고 분리가 안 되는 것이다. 부모나 가까운 가족에게 버림받아 결핍된 욕구와 상처가 많은 경우, 나는 절대 그러지 말아야지 하는 마음이 왜곡되어 버림받았거나 불쌍한 사람들에게 동정심이 많고 사소한 물건까지도 버리지 못하고 과도하게 집착할 수 있다. 어린 시절 습관형성 과정에서 쓰레기 분리수거에 대한 개념이 약했고, 지금 당장 쓸 돈도 없는데 쓸모없는 것 버리는데도 돈을 내야 하니 정서적 또는 경제적으로 우선순위에 대한 판단능력이 부족하여 쓰레기를 방치하거나 혼란스런 감정 상태에 있는 것이다.

상담과정을 통해 어린 시절 상처받아 응어리진 왜곡된 감정을 토설하도록 도와주고, 부모당사자와 함께 충분한 위로와 지지 공감을 통해 부정적인 상황 속에서 느꼈던 부정적인 감정들을 객관화시켜, 자신의 성숙한 에너지로 분리하고 자립의지를 가지고 극복할 수 있도록 도와주었다. 부부갈등 조정상담으로 먼저 부부에너지를 충전한 다음, 일관성을 가지고 자녀에 대한 관심과 배려를 통해 관계 개선이 이루어졌다. 상담 후 자조모임에 참석한 어머니는 딸이 가정폭력으로 112경찰에 신고 한 것이 고맙게 느껴지고, 자신도 늦게나마 사이버 대학에 진학해서 공부하고 있다고 했다. 시부모를 모시고, 1남1녀의 자녀들 뒷바라지하면서 소진되었던 자기에너지를 충전해가며 행복한 가정을 만들어가고 있다는 소감을 듣고 나의 가슴도 채워짐을 느꼈다.

아동학대 자녀들이 부모를 원망하는 목소리

이밖에도 가족상담 과정에서 자녀들의 이야기를 들어보면, 부모의 이혼과 가정폭력으로 불안하고 무서워서 외할머니 집에서 살았는데 커서도 학대와 폭력을 당했고, 죽이고 싶도록 원망스러운 아빠가 잔소리하면서 엄마를 탓하고, 엄마도 아빠를 탓하면 딸 입장에서는 자신이 감정의 쓰레기통인가 하는 생각이 든다고 고백하였다. 또한 부모가 죽었으면 좋겠다, 성을 바꾸고 싶다, 몸에 피를 빼서 다 갈아 버리고 싶다, 아빠라는 말도 듣기 싫다, 집에 들어오면 죽고 싶다, 맞은 기억밖에 없다, 엄마는 힘들어서 친정에 도망갔는데 아빠가 딸의 머리카락을 잘랐다, 아빠의 무기력한 태도가 싫다, 버림받은 아빠를 이해 못 한다, 연년생 동생에게 관심을 빼앗겼다, 복수하기 위해서 공부한다 등의 너무나도 끔찍한 사례와 표현들이 많다.

부모의 감정이 자녀에게 전염된다. 어린 시절 부모에 대해 부정적인 감정을 체험하면 자신이 부모가 되었을 때 엄마처럼 안 하는 것이 딸에 대한 배려라고 착각하거나, 아빠처럼 하지 않는 것이 자식에 대한 배려라고 착각한다. 극과 극의 대처방법은 시간의 흐름에 따라 싫었던 부모와 똑같은 상황으로 돌변하여 자신이 느꼈던 감정을 자식들이 비슷한 시기에 느끼면서 악순환하는 경우가 많다. 부모의 마음은 99개를 갖고도 1개 더 빼앗아가려는 마음이 아니라, 99개를 주고도 1개를 더 주고 싶어 하는 마음이라는 것을 자녀들은 알 수 없다. 부모와 자녀 간의 갈등을 극복하기 위해서는 서로의 한계를 인정하고, 비폭력 1인칭 공감대화를 통해 세대 융합의 지혜와 기술이 필요하다.

가정폭력은
어떤 흉악범죄보다
그 후유증이
깊고 오래간다

여성가족부에서 발표한 통계 자료를 보면 전 국민의 50% 이상이 가정폭력을 목격하거나 경험했다. 가정폭력은 부부간의 폭력을 비롯하여 가족구성원 상호 간에 정신적 육체적 경제적인 손해를 수반하는 행위다. 가정폭력은 어떤 흉악범죄보다 그 후유증이 깊고 오래간다. 가정폭력 관련 사례자들의 입장을 들어보면 각자의 입장에서 서로 억울하다고 하소연한다. 가해자는 없고 피해자만 있다. 가정폭력의 문제가 꼭 대물림되는 것은 아니지만 성장과정이나 양육과정에서 받은 스트레스나 상처가 많은 영향을 받는다.

가정폭력은 범죄다

112신고를 받고 위기가족에 대한 긴급 상담이 필요하다고 하여 경찰관 2명과 함께 가정방문 상담을 하였다. 서울 소재 다세대주택에서 2명의 딸과 2명의 아들이 있었다. 우선 갑작스런 상담 과정을 안내하고 거실에서 부부상담을 시작했다. 남편이 말하기를 1개월 전 아내 외도를 의심하면서 부부싸움이 시작되어 아내가 발가벗은 채로 집을 뛰쳐나간 적이 있다. 귀가 후 다시 싸움이 되어 남편이 아이 4명과 함께 한강대교에 가서 동반자살을 시도하겠다고 한 것이다.

남편은 외아들로 태어나 7세 때 부친이 사망하고 외롭게 성장하여 힘든 살림이지만 자녀 4명을 키우고 있었다. 어린 시절 혼자는 외롭다는 것을 체험했고, 부모 역할의 중요성을 절감했고, 빈자리가 얼마나 힘든 줄 체험했기에 아이들에게 자기가 느꼈던 불안감과 외로움을 느끼지 않고 살기를 원했다. 그러나 아내의 외도 현장을 목격하면서 황당함, 충격, 배신감, 분노를 참을 수 없어 아내를 범죄자 다루듯이 하면서 의심과 폭언을 반복하였다. 참다못한 아내가 술을 먹고 옷을 벗은 상태로 가출해서 아이들과 함께 죽고 싶었다는 것이다.

아내는 신혼 때부터 폭언과 폭력을 당해 벌레 취급받은 것이 너무 억울하고 비참했다며 자기도 죽고 싶은 상황이라고 절박함을 하소연하였다. 집도 아이들이 시끄럽게 하니까 층간 소음이 없는 다세대 반지하 방 2개짜리 거실에서 거주하는 모습이 안타까웠다. 아내는 과거에도 목을 졸린 적이 있었고, 죽을 것처럼 힘들었는데 또다시 얼굴을 맞았다. 생명의 위협을 느끼고 죽지 않기 위해 도망갔다. 그동안 3회 이상 112신고 접수자로 경찰서 위기가족 관리 대상이었다. 부부집중상담 후 맞벌이 부부이면서 네 아이의 부모로서 책임을 다하려는 태도가 안쓰럽게 느껴졌다. 한푼이라도 더 벌기 위해 열심히 일하면서 관계개선을 위해 노력하는 모습에 적극적인 지지와 위로를 보내지 않을 수 없었다.

가정폭력은 자기 자신에 대한 폭력이다

가정폭력 피해자들은 정신적인 무력감, 가해자에 대한 두려움, 죽음에 대한 공포감을 느낀다. 불안한 상황 속에서 폭행을 당하면 심한 모멸감과 수치심으로 자기학대나 자살로 연결될 수도 있다. 자살은 가족들의 대화를 단절시키고, 침묵을 강요하는 정신적 살인이다. 그래서 가정폭력은 핵폭탄보다 무섭고 후유증이 더 오래간다. 부모한테 야단맞고 동생한테 화풀이하는 것처럼 가정폭력은 상처 많은 사람이 조금 더 약한 사람을 공격하게 되므로 반드시 치료받아야 한다. 가족을 때려서 울고 있는 모습을 보면 마음이 아프다. 상처가 나면 자기 돈 들여 치료해 주어야 하고, 입원하면 자기가 병간호해 주어야 하고, 만약에 죽으면 자기 삶도 죽은 것처럼 황폐해진다. 돈 아깝고 빨리 죽고 싶지 않으면 자기학대와 가정폭력을 중단해야 한다. 가정폭력은 서로 마음의 상처를 주고받은 이후의 결과적 증상이다. 가족 상호 간에 사랑과 신뢰가 무너진 상태에서 무시, 비난, 공격당한 후 참고 삭이거나 일방적으로 해결하려다가 억울하고 분한 상태에서 욱한 감정이 폭발하면 감정조절이 안되고 극단적인 폭언이나 폭력으로 표출될 수밖에 없다. 당사자들은 닭이 먼저냐 계란이 먼저냐의 논쟁이라고 생각하지만, 가해자와 피해자를 구분하는 것은 무의미하다. 가해자이면서도 피해자, 피해자이면서도 가해자들이기 때문이다. 사실과 상황보다 상처받은 마음에 초점을 맞춰 도와주면 피해회복과 관계개선이 불가능한 것은 아니다.

나의 폭력성을 먼저 제거하자

나에게 감염된 폭력이라는 악성 바이러스를 먼저 제거해야 한다. 내 생각, 느낌, 행동, 표현에 붙어있는 폭력바이러스를 치료해야 원만한 대화가 가능하다. 부부나 가족에게 전염된 악성 바이러스들도 제거하고 치유해야 한다. 나부터 솔선수범하고 우리 가족부터 건강해져야 한다. 우리는 폭력의 문화에 너무 익숙해져 있다. 나부터 폭력행위의 당사자가 되지 않도록 내안의 폭력성을 제거하고, 우리 가족과 우리 사회의 폭력 문화를 추방해야 한다. 가정폭력 행위자는 가해자이면서 피해자다. 성장과정과 생활환경에 따라 대를 이어 전염병처럼 악순환된 것이다. 가정폭력의 당사자들은 피해의식과 학습된 무기력으로 몸도 마음도 지치고 자포자기 상태가 된다. 결단의 의지와 용기가 필요하다. 나의 폭력성을 먼저제거하기 위해서는 자신의 몸과 맘, 말과 행동이 일치하는 자기건강성을 먼저 확보하고, 자기 자신을 있는 그대로 먼저 사랑하자. 그리고 나와똑같이 가족을 있는 그대로 사랑하면서 가족구성원들의 폭력성을 제거하고, 학교나 사회에서 폭력문화가 추방될 수 있도록 적극적으로 동참하자.

가정의 폭력문화 추방에 적극적인 대책과 관심이 필요하다

가정폭력 관련 법규와 제도적 보완이 시급하다. 국가적 차원에서 좀 더적극적으로 인적 물적 자원을 확보하고, 충분한 예산이 뒷받침되어야 한다. 특히 112 신고 후 초기단계에서 상담전문가나 가족갈등조정 전문가의 개입이 중요하다. 112 신고 후, 경찰 임시조치 과정에서 상담조건부 입건유예제도를 명문화시키는 것이 필요하다. 지역내 가정폭력상담소 등 유관 기관과의 협조체제를 강화하고 상담사실확인서 등을 활용하는 것이 바람직하다. 행위자는 사회봉사 명령보다 피해 당사자나 가족에게 봉사명령을 집행하도록 하는 것이 좋다. 가정폭력 가해자에게 범칙금을 부과하여 피해자에게 직접 돌려주거나, 피해회복과 관계개선을 위한 교육 프로그램 참가비나 상담료로 지불하는 것이 바람직하다. 벌금 납부를 강요받은 60대 사례자는 일용직 청소부로 하루씩 일당을 받아 살아가는데, '국가가 강도 같다, 없는 사람 등골 빼 먹는다, 피 빨아 먹는 것 같다'고 하소연하였다. 국가가 벌금으로 빼앗아 가니 신고율이 낮다. 가정폭력의 피해회복이 이루어질 수 있도록 치유프로그램 상담을 지원하거나 피해자에게 보상하는 것이 낫다. 그렇게 하는 편이 신고율도 높일 수 있다.

가정을 보호하고 실효성 있는 가정폭력 예방 및 재발방지 대책을 마련하자. 피해자가 처벌을 원치 않는다고 해서 무조건 훈방하거나 귀가 조치하는 것은 최소화해야 한다. 공권력 개입이 진정성 있는 사과와 관계 개선에 도움이 되어야 한다. 상습적이고 악질적인 학대자나 가정폭력 가해자는 즉시 구속하여 격리해야 한다. 가정폭력이 모든 폭력 문화의 근원지다. 대물림과 악순환의 고리를 끊어야 한다. 피해자 코스프레도 중단시켜야 한다. 특수 사례를 일반화해서는 안된다. 기본의 기본이 무엇인지 핵심을 찾아가는 것이 중요하다. 행복 1번지여야 할 가정이 폭력 1번지로 전락해서는 안 된다. 부부상담을 하면서 부부관계 회복을 위해 조정을 하다보면 상처받은 피해자와 가해자 구분이 어렵고 잘잘못을 따지는 것보다 상호 관계를 회복할 수 있도록 도와주는 것이 중요함을 절감하게 된다. 가정폭력 피해회복 및 가족관계 개선 프로그램도 시급하다. 모든 범죄자 처우에 성인지적 관점과 회복적 정의가 우리 사법시스템에서 더 빨리 정착되기를 간절히 바란다.

가정폭력 추방은 자기혁명으로 완수하자. 아동학대와 가정폭력으로 경찰에서 의뢰받아 상담하면 내담자들은 서로 자기편이 되어주고 상대방이 바뀌도록 상담자를 이용하려는 경향이 있다. 상담자는 남편 편도 아니고 아내 편도 아니다. 폭력의 반대편이다. 요즘 거의 매일 비슷한 사례 가족들을 만나면서 더 정확하게 말하면 저는 상담사로서 남편편도 되고, 아내편도 되고, 폭력의 반대편도 된다고 하면서 부부 갈등 조정 상담을 진행하고 있다. 제2의 베이비붐이 필요한 시기에 비혼과 비출산 인구가 증가하고 있다. 시대는 부부문화의 혁명적인 변화를 요구하고 있다. '언 발에 오줌 누기' 같은 예방 대책이 아니라 세계 최고 수준인 이혼율, 자살률, 폭력발생률을 최소화할 수 있는 근본적인 처방이 필요하다. 먼저 내 안의 폭력성을 제거하기 위한 자기혁명부터 실천하자. 나와 우리 가정에서부터 폭력문화를 추방하고, 지혜를 모아 모든 인류가 공유할 수 있도록 최선을 다하고 싶다.

부모의 역할모델이
결혼생활을
좌우한다

어린 시절 부모에 대한 기억이 평생 결혼생활을 좌우한다

40대 상담 예약자가 연락도 없이 불참했다. 전화도 받지 않았다. 며칠 후 다시 통화를 해보니 지난주엔 오다가 싸워서 상담에 불참했단다. 다시 상담일정을 예약한 다음 가족이 함께 온다고 해놓고 혼자 왔다.

우선 최근 상황과 개인의 성장과정을 고백했다. 부모와 어린 시절은 기억하고 싶지 않다고 눈물을 흘리며 거부했다. 아빠는 노동일을 다니면서 술 먹고 주사가 심했다. 엄마는 공장을 다녔기 때문에 혼자 있을 때가 많았다. 어떤 날은 약간의 먹을 것을 넣어주고 밖에서 방문을 잠그고 일하러 갔다. 혼자 무섭고 두려웠지만 울다가 지쳐서 잠만 잤다. 아빠가 술 먹고 와서 운다고 두들겨 팼다. 발로 차고 머리, 어깨, 온몸을 가릴 것 없이 무지막지하게 맞은 적도 있었다. 무서워서 울지도 못했다. 자기편은 아무도 없었고, 늘 혼자였다. 열 살 차이 나는 오빠가 있었지만 집에는 별로 없고 밖에서만 놀았다. 부모는 돈 문제, 술 문제로 부부싸움도 많이 했다.

최근에는 자기가 어린 시절에 부모에게 당한 것을 아들에게 복수하고 있었다. 나가라, 죽어라, 자식 필요 없다 등 막말과 욕설, 폭언과 학대, 폭력을 어릴 때부터 아들에게 화풀이하듯이 해온 사실을 인정했다. 아들이 중학생이 되었다. 엄마에게 반항하기 시작했다. 자신이 했던 쌍욕과 폭력을 아들에게서 받기 시작했다. 이번 사건도 112로 신고했는데, 쌍방 폭력으로 입건되었다. 엄마의 아동학대와 아들의 존속폭행이었다. 남편은 방관자였다. 주말부부로 지내면서 아빠가 없는 사이 모자는 싸움이 심해졌다. 죽기 살기로 싸웠다. 경찰 112신고도 많이 했다. 3년 전에 아버지가 돌아가셨다. 친정엄마에게 하소연하면, "너만 힘들었냐? 나는 더 많이 힘들었다"라고 한단다. 친구도 없고, 누구에게도 말하고 싶지 않았는데 처음으로 이야기한다고 했다.

자신의 기억을 고백하면서 가끔 눈물을 흘리기도 했다. 상담 중 가계도를 만들어 보자고 했는데 부모 자체를 생각하기 싫단다. 인형극으로 가족의 위치를 세워 보라고하니 아버지는 저 멀리 보이지 않는 곳으로 던져 버렸다. 이미 기억 속에서 삭제했단다. 부모 학대에 대한 원망이 자녀에게 악순환 되었고, 아들이 비슷한 방법으로 부모에게 폭언과 폭력을 행사하는 악순환이 가중되고 있었다. 어린 시절 부모에 대한 기억이 결혼생활뿐만 아니라 개인의 삶에 미치는 영향이 너무 크게 느껴져 안타까웠다.

과거의 부모들은 자기 자신의 존재와 역할을 구분하지 못했다

대부분이 자기 일과 자신의 삶도 구분하지 못했다. 그래서 '역기능 가족'
이 되었다. 원가족에서 분리되지 못한 사람은 지금도 자신과 역할을 분
리하지 못한다. 역할자로서 자신을 매몰시킨다. 다른 사람과의 관계도
그 틀에서 생각하고 판단하기 때문에 융통성이 부족하다. 역할에 대한
인정과 사람에 대한 인정을 구분하지 못한다. 자기 입장에서 좋으면 올
인하고, 싫으면 단절하기 때문에 밀착과 단절이 악순환된다.

자신의 존재와 역할을 분리할 줄 알아야 한다. 국가와 대통령, 대통령
과 개인을 구분하지 못하고 국정을 농단하여 탄핵당한 사례를 타산지석
으로 배워야 한다. 그들은 특정 집단이나 개인에 대한 충성을 국가에 대
한 충성으로 착각했다. 미분리자들은 그 착각이 얼마나 큰 잘못이라는
것을 모른다. 개인에 충성하지 않는다는 검사는 개인과 역할을 분리해서
볼 줄 안다. 자신과 자신의 역할을 분리해서 시행착오를 최소화하길 바
란다. 자기와 자기 역할을 분리할 줄 알아야 자만과 오만에서 벗어날 수
있다. 자기 실수나 잘못을 인정하지 못하면 가까운 가족의 실수나 잘못
도 인정할 수 없다. 어린 시절에 성장과정에서 결핍된 욕구와 상처를 치
유하지 못하면 자신의 부정적인 상황에 대해 부모 탓을 한다. 결혼하면
배우자 탓을 하며 책임을 전가하고, 노년에는 자식 탓을 하며 평생 가족
을 원망하며 살다 간다. 자기 자신을 객관화시켜 결혼생활을 좀 더 객관
적인 입장에서 통찰해보고, 원가족과 분리하여 자기 주도적인 삶을 찾아
가는 지혜가 필요하다.

가족갈등이 많은 이유는?

1. 남여차이에 대한 이해부족에서 비롯된다.

2. 역할분담의 한계가 불분명하기 때문이다.

3. 의존감과 기대감이 남과 다르기 때문이다.

4. 억압된 감정과 결핍된 욕구가 다르기 때문이다.

5. 문제 해결 방법이 다르기 때문이다.

6. 서로의 차이를 인정하고 존중하는 태도가 중요하다.

가정폭력을 예방하려면?

1. **화/분노 조절하기** : 화를 조절하는 데 실패할 경우 심각한 폭력으로 이어질 가능성이 매우 커진다. 화를 조절하는 방법을 배우는 것은 폭력발생을 예방하는 데 매우 중요하다.

2. **스트레스 관리하기** : 스트레스가 높은 상태에서는 폭력발생의 가능성이 매우 높아진다. 스트레스 관리 방법을 터득하면 폭력보다는 비폭력을 선택할 가능성을 높일 수 있다.

3. **타임아웃 외치기** : 자신이 폭력을 사용하려는 충동이나 신호가 느껴질 때는 "타임아웃" 기법을 사용할 수 있다. 쉽게 말하면, 폭력에 관한 생각이나 감정을 즉시 중단하고 잠깐 자리를 피하는 것이다.

4. **부부싸움 잘하기** : 한 가지 문제만 놓고 싸운다, 상대방을 무시하거나 욕하지 않는다, 제 3자를 개입시키지 않고 둘이서만 싸운다 등과 같이, 부부싸움을 잘하기 위한 우리 부부만의 규칙을 만들어 실천한다.

5. **효과적으로 대화하기** : 따뜻한 한마디 말로 감정을 읽어주면 충분했을 것이 쌓이고 쌓이다 급기야 폭발하는 일이 가족 간에도 많다. 행복한 가정은 매일매일의 일상에서 오가는 대화를 통해서 만들어진다는 것을 명심하자.

6. **칭찬 한마디의 기적 이룩하기** : 칭찬이 가장 필요하면서도 힘들고 어렵게 느껴지는 사람들이 바로 가족이다. 용기를 내어 '미안하다, 고맙다, 사랑한다'로 칭찬 한마디의 기적을 체험해 보자.

출처: 전국가정폭력상담소협의회 제공

건강하고 행복한

양성평등 가족문화

가정은 행복의 온상이요
아이들은
그 열매다

가정은 자존감 형성의 근원이다

가정은 자기주도적인 건강한 삶을 살아가는 데 중요한 디딤돌이다. 가족 구성원들이 마음의 대화를 즐기면서 긍정적인 감정이든 부정적인 감정이든 허심탄회하게 표현할 수 있어야 한다. 건강한 가족관계 속에서 대인관계 능력이나 상호 존중하는 태도를 가지고 대화로서 문제를 풀어가는 지혜를 배울 수 있다. 그런데 왜곡된 가족관계에서 잘못된 언어습관이나 부적절한 행동은 아이들에게 부정적인 역할모델이 된다. 아이들도 잘못된 영향을 받아서 왜곡된 판단과 시행착오를 많이 할 수밖에 없다. 그동안 급변하는 사회에 적응하기 위해 사회적 역할자로서 우선순위에 머물고, 가족구성원으로서의 역할은 소홀히 했던 사람들이 많다. 특히 맞벌이 부부들을 보면 역할과부하 상태에서 자녀교육이나 인성교육에 필요한 사랑과 관심의 에너지가 부족하다. 전통적인 가족문화는 유교문화와 효 사상을 중심으로 형성되어 왔다. 그러나 실제로는 일방적이고 수직적, 무조건적이고 무비판적, 가부장적이고 권위적인 남녀차별로 인해 가족문화가 많이 왜곡되어 그 후유증이 크다.

위기가족 자녀갈등 상담사례

MBC 위기가족 방송 담당자가 가정방문 상담을 요청하여 출장 상담을 했다. 사례 내용은 전 남편에게 심한 구타를 당하고 이혼한 상처가 있는 40대 아내는 사별의 아픔이 있는 지금의 남편을 만나 새로운 삶을 꿈꿨다. 하지만 어디에 누구와 있냐며 수시로 전화하는 것은 물론, 아내가 일하는 곳에 찾아와 아내를 감시하는 남편 때문에 숨이 막힐 지경이었다. 게다가 남편이 아내 몰래 대출을 받고 나서 모른 척하는 바람에, 아내는 잠자는 시간도 쪼개며 일하는 상황이었다. 초등학생인 아들 앞에서도 '네 엄마가 다른 남자 만나고 다닌다'며 폭언을 퍼붓는다. 아내는 이런 남편의 의심과 폭언이 너무 억울했다. 문제는 부부의 갈등으로 어린 아들이 이상행동을 한다. 엄마에 대한 폭언에 무단결석까지 한다. '왜 아들이 엄마에게 폭력까지 휘두르는 걸까? 과연, 이 가족은 평범한 가족의 모습으로 돌아갈 수 있을까?' 방송 담당자는 이런 의문으로 나를 찾아왔던 것이다.

남편의 거부로 부부상담을 연기하고, 우선 모자 상담을 통해 어머니의 억울함과 아들의 분노가 치유될 수 있도록 도와주었다. 모자간에 그동안 서로에 대한 생각이나 억압된 감정을 표현하도록 도와주고, 핵심 감정을 찾아내어 대화 훈련을 다음과 같이 실시하였다.

(자녀대화 실습)

엄마 : 아들, 그동안 큰소리치고, 화내고, 폭력을 휘둘러서 미안해.

아들 : 나는 부모님이 큰소리치고, 화내고, 폭력을 휘둘렀을 때 불안하고, 무섭고, 억울했어요.

엄마 : 그랬구나. 불안하고 무섭고 억울했구나. 그 마음 몰라줘서 미안해.

아들 : 나는 불안하고, 무섭고, 억울했는데 지금이라도 내 마음 알아줘서 고마워요.

엄마 : 내가 아들 입장이라도 그랬을 것 같애, 정말 미안해!

가정은 행복의 온상이요 아이들은 그 열매다

위와 같은 패턴으로 서로의 속마음을 드러내게 한 후 감정 이어주기 대화를 하면 서로에 대한 태도가 달라진다. 자녀를 이기려 하지 말고 이해하도록 노력해야 한다. '위기는 기회다'라는 말처럼 자녀들이 반항하고 화를 낼 때가 기회다. 그 기회를 기적으로 만들기 위해서는 폭언이나 폭력으로 제압하려고 하지 말고, 오히려 한 발짝 뒤로 물러나서 아들이 왜 화가 났는지, 부모에 대한 감정이나 생각이 어떤 상태인지를 있는 그대로 들어주어야 한다. 핵심 감정을 찾아내서 인정해주면 신뢰감이나 친밀감이 회복되어 기적처럼 관계가 개선될 수 있다. 아이들이 잘 하는 것은 좋은 것이다. 하지만 잘 하지 못한다는 것 자체가 나쁜 것은 아니다. 사람은 누구나 미성숙한 상태로 태어나 성인이 될 때까지 부모를 비롯한 양육자들의 도움을 받아 성숙해진다. 가정이 행복의 온상이요, 아이들은 그 행복의 열매가 되기 위해서는 건강하고 행복한 양성평등 가족문화가 정착되어야 한다.

가족은 모빌처럼 서로에게 영향을 주고받는다

개인과 가족집단 구성원들의 역할 한계가 불분명하여 역할갈등이 많다. 성장과정에서 가족구성원 상호간에 긍정적인 상호작용을 경험한 사람은 비교적 자율성과 융통성이 높고 대인관계도 원만하다. 그러나 부모의 갈등이나 별거, 이혼으로 인해 상처받은 아이들처럼 부정적인 상호작용을 경험한 사람들은 일종의 자기방어적인 경계심이 무의식으로 내재된 정도가 강하다. 그것이 무의식 상태에 머물 때 자격지심, 열등의식, 피해의식, 강박관념, 집착, 의존증 환자가 될 수 있다. 그러나 무의식이 의식화되면 증세가 호전되거나 없어진다. 자기의 상처를 인식하고 인정하면 극복할 수 있다. 인정을 못하면 자기방어, 자기합리화, 자기변명만 하면서 상대방 탓을 하고 가족관계를 모빌처럼 역동적으로 악순환 시킨다. 가정은 갈등의 온상이 아니라 행복의 온상이어야 한다. 아이들은 갈등의 씨앗이 아니라 행복의 열매다.

성장과정의
트라우마
치유하기

사람은 성장과정에서 누구나 크고 작은 트라우마를 경험한다. 가족은 구성원 상호 간에 친밀감, 신뢰감, 애정을 확보해야 한다. 가족공동체의 역량을 강화하기 위해서는 서로의 상처를 치유해주는 성장의 동반자가 되어야 한다. 성장과정의 상처나 사건·사고로 인해 충격을 받아 응어리진 부정적인 감정들은 그 사람의 삶을 무겁게 한다. 충격이란 예상하지 못한 것을 현실로 체험한 것이다. 충격을 받으면 멍한 상태에서 그 순간의 감정을 인식하지 못하기 때문에 적절하게 표현하는 것도 어렵다. 상처받은 핵심감정이 드러나지 못하고 방치되면 트라우마가 되어 그 사람의 삶을 왜곡시킨다. '충격 후 스트레스 장애', 즉 트라우마(trauma)를 치유하기 위해서는 다음과 같은 노력이 필요하다.

트라우마 치유에 도움이 되는 방법

- 가족관계 속에서 각종 트라우마 피해가 크다는 것을 이해한다.
- 우선 당사자가 자신이 받은 상처를 스스로 인정한다.
- 큰 충격일지라도 핵심 감정을 표출하고 지지를 받았다면 후유증이 작지만, 작은 상처라도 감정을 억압했거나 거부당했다면 그 후유증이 크다.
- 그 상처받은 감정은 누구도 몰라주고 자신만이 느낄 수 있다.
- 과거 부정적 감정과 현재 자신을 동일시하지 않는다.
- 그 충격이나 상처의 원인은 자기 잘못이 아니다.
- 그 상황에서 상처받았던 사실은 수치스럽거나 창피한 것도 아니다.
- 지금이라도 그때의 감정들을 객관화시켜 충분히 느껴보고, 적절하게 표현하면 그 감정에서 자유로워질 수 있다.
- 상처받아 왜곡된 감정들이 현재까지 나의 생활에 미치는 영향에 대한 통찰이 필요하다.
- 그 상처와 반대되는 긍정적인 생각과 체험을 병행하고, 오늘 지금 이순간의 현실에 충실하고자 노력 한다.
- 가족대화의 소통과 공감의 힘으로 트라우마가 치유될 수 있도록 서로 도와준다.
- 가족사와 관련된 트라우마를 통찰하고 왜곡된 가족관계를 바로 세워야 한다.
- 직접적인 당사자가 아니더라도 전쟁, 사건, 사고 등으로 인한 집단 트라우마 피해가 많다는 것을 인정한다.

자존감과 회복탄력성을 높이자

가족은 상처치유와 성장의 동반자이기 때문에 자연스럽게 이야기하면서 치유가 될 수 있다. 특히 이야기치료 기법을 살펴보면, 부정적인 사건이나 감정은 객관화시켜서 이름을 붙여 표현해 보고, 그 영향을 탐색하고, 도움이 되는 방법을 평가하고, 근거를 제시하면서 서로에게 피드백을 준다. 그리고 독특한 결과에 대한 긍정성을 강화하고, 다시 쓰기를 통해 나의 삶은 내가 주인이고, 상대의 삶은 상대가 주인이고 상대가 전문가라는 것을 재인식하고 주도적으로 실천할 수 있도록 서로 도와준다. 결국 자기 자신을 이해하고 사랑하며 용서하는 방법을 가족 안에서 체험하고, 나부터, 우리 가족부터 실천하는 것이 중요하다. 뇌는 생각과 현실을 구분하지 못한다고 한다. 특히 대뇌변연계의 감정중추는 시간 개념이 없고, 나와 너의 주어 개념도 약하다고 한다. 셀프토크와 셀프리더십이 효과적인 이유가 여기에 있다. 긍정적인 생각은 긍정적인 삶으로 행복할 것이고, 부정적인 사람은 불행한 삶을 살 것이다. 자기대화를 통해 자기 자신이 못나고 무능력하고 약한 사람이 아니었으며, 힘들었던 순간이나 상황에서도 나름대로 최선을 다했다는 기억을 되살려 주자. 강점이나 긍정적인 자기 인식을 강화하여 자존감과 회복탄력성을 높여가는 치료적 대화가 중요하다. 내 감정의 주인은 나 자신이다. 내 생각이 나를 지배한다. 나는 나의 명령을 받아 나의 인생을 살다 간다.

서로에게 상처주지도 말고 상처받지도 말자

스트레스나 상처를 받으면서 감정을 참고 삭이거나 억압시키면 자기 자신에 대한 생각이나 감정이 왜곡된다. 왜곡된 심리나 경직된 태도로 인해 마음의 여유가 없어지면, 가족들 간에 서로를 배려해 주려는 의지나 여유가 없어진다. 가족은 서로를 동일시하는 경향이 강하기 때문이다. 조급하고 불안한 상태에서 자기절제나 자기학대를 하면서 참고 버티다 보면, 사소한 것에도 예민해지고 감정조절이 안 되면서 욱한 감정으로 극단적인 폭력상황까지 발생할 수 있다. 감정을 참고 삭이거나 억압하는 것은 자기학대나 폭력의 시작이다. 감정을 억압하며 사는 것은 운동을 하지 않고 사는 것과 같으며, 음식물을 먹고 배설하지 못하는 것과 같다. 대화가 중단되는 것은 혈액순환이 안 되는 것과 같다. 사람은 누구나 가족으로부터 인정받고 사랑받기를 원한다. 가족은 생리, 생존, 안정, 인정 욕구가 가정에서 충족되기를 원한다. 가정경영의 동업자로 의식주에 대한 공동생활은 물론 가족은 서로에게 최고의 의사가 될 수 있다. 죄는 미워도 인간을 미워하지 말라는 말처럼 사람과 행동, 증상을 분리할 줄 아는 지혜가 필요하다. 가족구성원 상호 간의 몸, 맘, 말, 성, 돈, 일에 대한 감정, 생각, 행동의 결과에 대한 영향을 탐색해보고 객관화해봄으로써, 서로에게 상처를 받지도 말고 주지도 말자.

우리 부부는
더 이상 상처받지 않기로
했다

마음의 상처를 치유하지 못하면 몸에도 병이 생긴다

가족구성원들의 상처를 빼고 행복을 더하기 위해서는 대화와 소통의 기술이 필요하다. 특히 부부는 서로에게 수직적, 수평적으로 입체적인 피드백을 360도 24시간 받을 준비가 되어 있어야 한다. 부부는 서로에게 가장 우선적인 유일한 존재로서 사생활까지도 투명성이 확보되어야 한다. 객관적이고 이성적인 판단만으로는 문제 해결이 어렵다. 남의 일처럼 일반화시켜 말하는 것은 비난 의도가 없었다 할지라도 부부 관계에서는 남보다 못한 존재로 전락한다. 서로에 대한 기대감과 의존감이 남과 다르기 때문이다. 본인은 자기 실수에 대한 시행착오를 인정하고 치열하게 싸우고 있는데, 배우자가 적과 내통하거나 적의 편처럼 느껴진다면 배신감이 클 수밖에 없다. 다른 사람일지라도 반대 입장에서는 그런 생각이나 느낌을 받을 수밖에 없다. 마음의 대화가 원만하게 소통되지 않으면 몸의 고통이 더 크게 느껴진다. 부부상담과 '상처빼기 행복더하기 부부캠프'를 마친 남편이 아내에게 보낸 글을 소개한다.

남편이 아내에게 보내는 편지 일부

"… 우리 부부가 어쩌다 이렇게 되었는가?

지금의 내 감정, 내 생각, 내 행동이 어쩌다 이렇게 변했는가?

당신이 참고 살았다면, 나라도 행복했어야 했는데, 나도 죽을 맛이었거든.

밤잠을 설치며 곰곰이 생각해보나까 다음과 같은 생각이 들었어.

나는 당신을 무시한 게 아나라 내 역할을 충실히 하려고 내 자신에게 소홀했을 뿐이고, 당신도 나를 무시한 게 아나라 당신역할을 충실히 하려고 당신 자신에게 소홀했던 것 같아. 부부는 서로를 동일시하는 경향이 강하다는 것을 모르고, 내가 나 자신의 마음에 소홀했던 것처럼 당신의 마음을 몰라줬던 것을 사과하고 싶고, 당신도 당신의 마음을 소홀히 했던 것처럼 나의 입장을 몰라줬던 것을 사과받고 싶어.

이런 상황을 깨닫지 못해서 지금까지 나만 힘들고, 억울하고, 분한 것 같아.

현실적으로 역할이 버거웠을 때 서로가 발목 잡고 무시당한 느낌이 더 많았어.

받고 싶은데 주지 않고, 어떨 땐 가지고 있으면서도 안 주는 것 같아서 정말 원망스럽고, 줄 게 없는데 달라고만 하고, 가진 걸 다 주었는데도 더 달라고 하는 것 같아서 정말 피로웠어.

그런데, 생각해 보나까 내가 더 버겁다고 생각한 내 생각이 짧았던 것 같아. 정말 미안해!

지금까지 일방적으로 내가 참고 삭이면서 힘들게 당했다면, 당신이라도 편하고 행복했어야 했는데 하루도 편하지 않았고, 행복을 조금도 느끼지 못했다고 했잖아.

온몸이 마비되고 경련을 일으키며, 발악하듯이 몸부림쳤던 순간이 생생하게 기억나, 죽고 싶을 정도로, 죽이고 싶을 정도로 원망스러워했던 당신의 모습을 나도 많이 봤거든.

언제까지 우리가 이렇게 살아야 할까?

이제는 몸도 마음도 지쳐서 나도 더 이상 버티기 힘들 거 같아. 지금까지 둘 다 힘들었다는 것을 서로 인정하고, 둘 다 원만할 수 있는 방법을 함께 찾아 함께 노력해보고 싶은데 당신 생각은 어떤지 궁금해?

아무리 쉬운 일이나 전업주부, 백수 노릇도 피로운 것은 마찬가지라고 생각해. 힘들었던 상황보다 그 상황에 대한 느낌 감정이 더 소중하다는 것을 몰랐어.

지금부터라도 나에게 가장 소중한 것이 무엇인지, 각자의 속 감정에 충실하게 대화했으면 좋겠어. 지금 이 순간 오늘부터 자기 속 감정에 충실해서 자기 자신을 먼저 사랑하고 자기건강성을 회복한 다음 우리 부부의 건강성을 회복할 수 있도록 서로 도와주면 좋겠어. 그동안 너무 힘들게 해서 미안해!

지금까지 내 생각, 내가 하고 싶었던 말, 전할 기회를 줘서 고마워!

우리 부부가 달라지면 아이들도 달라지고 우리 가족도 행복하게 잘 살 수 있을 것 같아! 내가 먼저 사랑해!"

앞으로 우리 부부는 더 이상 상처받지 않기로 했다고 소감을 발표했다.

상처빼기 행복더하기 부부학교를 마치며

이밖에도 행복더하기 부부학교를 마치면서 들었던 수많은 소감이 늘 가슴속에 남아 있다. 5명의 자녀를 둔 어떤 60대 어머니는 아이들에게 남긴 유언에서, 결혼생활을 하다가 힘들면 꼭 나우미 부부학교를 가보라고 적어 놓았다. 또 한 어머니는 아들이 부모 폭력으로 112 신고를 해준 것이 고맙다고 고백했다. 가정폭력의 가해자로 신고를 당하지 않았다면 이런 교육을 받지 못했을 것이고, 하루하루를 지옥처럼 살 것을 생각하면 그것이 더 끔찍하다고. 전날 밤새 야간 근무하고 지방에서 오신 남편도 1초도 졸지 않고 배우자와 함께 눈물과 웃음으로 진지하게 참여해 주셨다. 40대 아내는 나만 외로운 줄 알았는데 배우자도 외롭고 힘들었다는 사실을 인정했고, 50대 남편은 예비군 교육과정에서라도 필요하다고 했고, 그동안 상대방 문제라고 하면서 배우자 탓만 했는데 자기 문제가 더 많았다는 점을 고백했다. 이러한 모습들이 8시간 동안 서서 강의하는 제 다리의 피곤함을 마사지해준 것 같아 정말로 흐뭇했다.

부부관계 개선을 위한 마음 다스리기 방법

부부관계 개선을 위해서는 먼저 상처빼기 행복더하기 셀프토크에 의한 치유과정이 중요하다. "난 괜찮다, 난 지금 이대로도 좋다, 난 나 자신을 있는 그대로 사랑한다" 등 자기 긍정적인 메시지를 3회이상 반복적으로 암송하면서 관계개선의 방향성을 탐색한다.

상처를 빼고 행복을 더하기 위해서는 다음과 같은 과정이 필요하다.

- 부정적인 감정들을 먼저 풀어야 한다.
- 아쉬움, 서운함, 원망, 불안감, 답답함, 억울함, 분노 빼기
- 긍정적인 감정 체험이 중요하다.
- 친밀감, 신뢰감, 애정, 안정감, 존중 더하기
- 부정적인 생각을 빼내야 한다.
- 선입견, 편견, 고정관념을 긍정적으로 전환
- 긍정적인 생각을 강화해야 한다.
- 자신과 상대의 장점을 인정하고 사랑과 신뢰의 관계를 회복
- 부부 대화로 우선순위를 재조정하여 가족 관계를 바로 세워야 한다.
- 가족구성원으로서 역할 인지, 역할 수행, 역할 갈등 극복 방법 재조정

자기갈등을
어떻게 관리하고
경영할 것인가

자기 이해와 자기 객관화가 필요하다

나는 누구인가? 나를 이해할 수 있는 사람이 다른 사람을 이해할 수 있다. 나는 나 자신에 대한 내 생각과 감정이다. 나는 나 자신의 몸, 맘, 말, 성, 돈, 일에 대한 나 자신의 감정, 생각, 행동에 대한 나 자신의 기억이다. 나의 몸, 맘, 말, 성, 돈, 일에 대한 점검과 분석과 관리가 중요하다. 나 자신을 있는 그대로 이해하자. 나 자신의 생각에 대한 생각과 감정에 대한 감정, 행동에 대한 행동이 지금까지 어떻게 경험되어 왔고, 어떻게 연결되고 표출됐는지부터 통찰하자. 나는 나일 뿐이다. 나는 세상에서 하나밖에 없는 특별한 존재다. 나는 나 자신에 대한 나의 기억이다. 나는 나 자신의 경험과 기억에 대한 내 생각과 감정과 행동의 총체다. 자기경영에 대한 방향을 설정하기 위해서는 먼저 자기 자신을 객관화해 통찰해보는 것이 중요하다.

내 감정은 나의 것이다

누가 나를 괴롭히는가? 내가 나를 괴롭히는 것이다. 어떤 부정적인 사실이나 상황에 대한 내 생각에 대한 나의 감정이 괴로움을 느끼는 것이다. 다른 사람이나 외부 환경에서 사실 상황을 힘들게 할지라도 고통이나 괴로운 감정은 내가 느끼는 것이다. 내가 나를 고통스럽게 만든다. 아무리 고통스럽고 괴로운 감정도 변할 수밖에 없다. 내 마음은 내 생각, 나의 말이나 행동에 따라 큰 영향을 받는다. 나의 인식체계, 사고체계, 감정체계, 행동체계에 따라 차이가 크다. 그래서 늘 마음의 여유가 필요하다. 쓰레기를 분리수거하는 것처럼 감정 쓰레기나 부정적인 감정을 비우고, 긍정적인 감정을 채워 넣고, 마음속에 여유 공간을 만들어 두어야 한다.

　몸의 에너지를 충전하기 위해서는 충분한 휴식과 유산소 운동이 필요하듯이, 마음의 에너지를 충전하기 위해서는 마음의 근육을 강화하는 운동이 필요하다. 마음의 근육이 건강해지면 긍정적인 감정과 부정적인 감정을 있는 그대로 느낄 수 있고, 그 느낌과 감정에 충실하여 자기 자신을 있는 그대로 사랑하면서 자기주도적인 건강한 삶을 살 수 있다. 나의 마음을 토닥토닥하면서 어루만져주라. 나의 아팠던 곳, 가장 많이 사용해서 혹사당한 곳, 방치해서 외로운 곳, 그동안 무관심으로 소홀히 했던 나의 몸과 마음을 내가 먼저 토닥토닥해 주어야 한다. 어린 시절 조숙했던 '성인 아이'는 아기 때 아기 노릇을 못 해서 어른이 되어 아기 노릇을 하려고 한다. 그럴 때는 내가 나를 도와주어야 한다. 자기 돌봄을 통해 가기 감정을 편안하게 해주는 것이 자기건강성 확보의 출발이다. 내 감정은 나의 것이기 때문에 내가 먼저 돌봐줘야 한다.

자기 갈등을 어떻게 관리하고 경영할 것인가?

자기갈등이란 자신의 몸과 맘, 말과 행동이 일치하지 않아서 혼란스러운 상태를 말한다. 사물이나 현상에 대한 인식(perception)은 사람에 따라 차이가 있다. 동일한 현상인데도 이를 보는 사람에 따라 그 느낌과 해석이 달라질 수 있다. 사람마다 가치관·신념·경험 등이 서로 다르기 때문이다. 자기갈등은 자신의 몸, 맘, 말, 성, 돈, 일에 대한 자신의 감정, 생각, 행동에 대한 인식과 표현의 문제다. 사람마다 자신의 몸, 맘, 말, 성, 돈, 일에 대한 인식과 느낌, 표현의 농도와 우선순위가 다르다. 사람은 자신의 생각·감정·행동에 대한 자신의 생각·감정·행동을 어떻게 표현하고 반응할 것인가에 대해 늘 고민한다. 따라서 혼자 살아도 갈등을 많이 할 수밖에 없다. 갈등상황에 직면했을 때는 자기갈등의 원인부터 되돌아보고, 자기와의 관계 회복부터 시작하는 것이 지름길이다. 직면하지 않고 외면하면 어둠 속을 헤매는 것처럼 방황한다. 자기경영의 건강성을 확보하기 위해서는 자존감과 회복탄력성을 강화하는 셀프리더십이 중요하다. 셀프리더십은 자기긍정적인 자존감을 바탕으로 한다. 회복탄력성은 자기조절력, 대인관계력, 과업성취력이 척도가 될 수 있다. 몸과 맘 관리로 자기조절력을 강화하고, 말과 성 관리로 대인관계력을 향상시키면 과업성취력 향상 요소인 돈과 일 관리의 건강성을 확보할 수 있다. 자기경영을 위한 셀프리더십 6요소 즉, 몸과 맘, 말과 성, 돈과 일에 관심을 가지고 아래 내용을 참고하면서 자기역량을 분석하고 점검해 보자.

〈셀프리더십 관리 6요소〉

자기조절력	몸관리	- 건강을 잃으면 모든 것을 잃는다. - 나의 몸은 나의 모든 상처를 기억하고 있다. - 내가 몸의 말을 안 들으면, 몸이 내 말을 안 듣는다.
	맘관리	- 일체유심조! - 기쁨과 슬픔, 좋다 싫다 등 내 감정은 나의 것이다. - 몸샤워 하듯이 맘샤워도 필요하고, 감정쓰레기도 분리수거가 필요하다.

대인관계력	말관리	- 말 한마디로 천 냥 빚을 갚을 수도 있고, 천만 냥 빚을 질 수도
		  있다.
		- 가는 말이 고와야 오는 말이 곱다는 말처럼 1인칭으로 자기
		  입장을 적절하게 표현하자.
		- 나의 말은 나의 입장에서 내 느낌, 생각 정도를 나의
		  수준으로 표현한 것 뿐이다.

	성관리	- 남녀노소 성인지적 관점과 생물학적 성 차이를 존중하자. - 남편과 아내로서 부부의 성에너지를 적절하게 활용하자. - 가족구성원의 생애주기에 따른 세대융합의 지혜가 필요하다.
과업성취력	돈관리	- 돈은 최선의 하인이요, 최악의 주인이다. - 마음은 나를 움직이고, 돈은 세상을 움직인다. - 가정경영의 동업자로서 수입과 지출을 균형 있게 관리하면서 자산을 축적하자.
	일관리	- 워라밸(일과 삶의 균형) 가족문화를 창출하여 정착시키자. - 적성과 능력에 따른 목표를 설정하고, 도전하여 성취하자. - 일가양립으로 행복한 성공자가 되자.

나는 내 생각과 마음을 어떻게 경영하고 관리할 것인가?

자기갈등을 경영하고 관리하는 능력에 따라 가족갈등을 관리할 수 있는
능력이 달라진다. 지금까지 자기 행동에 관심을 가진 것 이상으로 생각
과 마음을 관리하는 것이 더 중요하다. 내 생각·감정·행동에 따라 나의

삶이 달라지고, 나의 가족관계도 영향을 크게 받는다. 나의 인생은 나의 선택으로 구성된다. 나의 모든 언행은 나 자신에 대한 나의 반응을 내가 선택한 것이다. 나의 삶은 나에 대한 나 자신의 생각, 감정, 행동에 대한 나 자신의 표현일 뿐이다. 상황이나 역할에 따라 다를지라도 다른 사람의 표현도 그 자신에 대한 그 사람의 생각, 감정, 행동을 표출한 것뿐이다. 자기 정체성이 약할수록 다른 사람들의 영향을 더 많이 받는다. 등잔 밑은 어둡지만, 신독에 힘써야 한다. 보이지 않고 혼자 있는 곳에서도 자신의 행동, 생각, 감정에 책임져야 한다는 것을 인식하고, 몸과 맘, 말과 행동이 일치할 수 있도록 최선을 다해야 한다.

갈등은 차이와 한계를 이해하지 못하기 때문에 발생한다

갈등은 관계의 문제이기도 하지만 개인의 문제이기도 하다. 모든 생명체는 새로운 상황과 갈등을 체험하면서 적응하고 성장하고 변화한다. 내가 나의 상황에 대해 내가 느끼는 생각, 감정, 행동에 대한 표현 방법이 중요하다. 지금까지의 내 패턴이 과연 내 인생의 건강성을 확보하는 데 얼마나 도움이 되었는가? 내 생각·감정·행동이 과거와 어떻게 달라졌을까? 자신과 가족에게 미쳤던 영향을 탐색 및 평가하고, 피드백의 결과에 따라 재구성하는 자기통찰이 우선되어야 한다. 내 행동에 대한 책임을 져야 하는 것처럼 내 감정에도 책임을 져야 한다. 내 생각에도 책임을 져야 한다. 내 생각이나 감정이 다른 사람에게 피해를 주었다면 즉시 사과하고 피해를 회복할 수 있도록 도와주어야 한다. 잘못된 행동을 수정하는 것처럼, 부적절한 감정과 생각에도 책임을 지고 수정해야 한다. 특히 생각이나 감정은 보이지 않고 변화의 속도가 빠르기 때문에 책임소재가 불분명할 수 있다. 총체적인 결과에 따라 책임감을 느끼고 영향을 분석하여 적절한 균형이 유지·관리되도록 해야 한다. 보이지 않는 내 생각과 마음에도 책임이 따르기 때문에, 생각과 마음을 어떻게 관리하고 경영해가야 할지 함께 대화하고 지혜를 모아 실천하는 것이 중요하다.

가족구성원은
동등한
인격체

가족은 수평적인 동등한 인격체다

우리나라의 전통적인 가족문화는 유교문화와 효 사상을 중심으로 형성되어 왔다. 그런데 현실로 실천되는 과정에서 일방적이고 수직적으로 가부장적인 남녀차별로 가족문화가 많이 왜곡되어 그 후유증이 크다. 부모·형제·자매는 수직적인 관계가 아니라 남녀노소 수평적인 동등한 인격체다. 먼저 태어나고 늦게 태어났다고 해서 명령과 복종의 관계가 되는 것이 아니다. 가족은 나와 우리의 개념이 불분명하고 서로를 동일시하는 경향이 강하다. 건강하고 행복한 가정을 만들기 위해서는 서로에 대한 수평적인 생각을 키우고, 마음을 나누고, 표현을 잘 해야 한다. 부정적인 생각·마음·표현을 줄이고 긍정적으로 마음의 여유를 즐기면서 감정에너지를 충전해야 한다. 결혼생활을 통해 만나게 되는 양가 가족구성원들 역시 가정경영의 동업자요 동등한 인격체다.

가족구성원은 서로에 대한 기대감과 의존감을 가지고 있다

부부관계뿐만 아니라 부모자식 관계에서도 당사자 상호 간의 욕구와 기대감의 차이가 크다. 사람은 자신의 몫보다 더 많은 것을 원하는 경향이 있다. 두 사람이 가질 수 있는 것이 10뿐인데도, 각자의 몫이 7 이상이라고 주장한다. 공평하게 5씩 나누어도 만족을 못하는 것이 인간이므로 조정이 어렵다. 가족사랑은 무조건적인 사랑이어야 한다. 가족은 남과 달리 선택의 여지없이 만났거나 이미 선택한 관계이기 때문에, 한쪽에서 조건을 내세우면 상대방도 조건을 내세운다. 이로 인해 갈등이 생기고 분위기가 썰렁해진다. 가족구성원으로서 서로에 대한 기대감과 의존감이 다를 수밖에 없다는 것을 항상 명심하자.

가족사랑에는 조건이 없지만 책임은 있다

가족사랑은 서로에 대한 기대감을 낮추고 대화를 즐길 수 있어야 한다. 가족대화를 즐기기 위해서는 사전 대화와 합의가 중요하다. 서로의 입장 차이에 대한 합의 없이 일방적인 태도나 예상하지 못한 언행을 하면 후유증과 충격이 크다. 가족대화가 안 되는 이유는 가족구성원 상호 간에 상처받은 이후의 결과적 증상을 또 다른 상처의 결과적 인식으로 판단하여 표현하기 때문이다. 이렇게 되면 대화가 아니라 싸움이 된다. 당사자는 누적된 감정 때문에 상대의 태도를 이해하기 어렵다. 상처받은 상황에서 느꼈던 스트레스, 짜증, 욕구불만의 감정이 연결될 수밖에 없다는 것을 서로 이해하고 인정하면서 자기표현을 수정해 가야 한다. 상대방이 잘못하거나 지나쳐서가 아니라 자기 자신의 기본적인 욕구가 해소되지 못하고 불만족 상태인 경우에도 짜증스럽게 시비를 걸면서 화를 낼 수 있다. 특히 상대방에 대한 배려심이 부족한 경우 사사건건 부딪칠 수밖에 없다. 어릴 적 자기방어능력이 없을 때 가족관계 속에서 감정의 상처를 받으면, 성인이 된 이후에도 자기방어적인 경계심이 강하고 자격지심, 열등의식, 피해의식, 강박관념 및 독선적인 행동이 과민하게 나타날 수 있다. 가족구성원은 죄를 짓거나 몸과 마음이 아픈 환자일지라도 상호 책임이 면제되지는 않는다.

나는 가족구성원으로서의 역할 우선순위가 어느 정도일까?

가족구성원으로서 역할 인지, 역할 수행, 역할 갈등을 극복하는 패턴이 적절해야 가족관계의 건강성이 확보될 수 있다. 가정경영의 동업자로서 의식주 공동생활에 대한 역할분담의 중요성을 스스로 인식해야 한다. 돈 버는 사람과 쓰는 사람, 설거지하는 사람과 요리하는 사람, 각자 우선순위에 따라 역할을 분담하고 상부상조하면서 권리와 의무를 다해야 한다. 상호 의존도나 기대감이 높고, 역할의 한계가 불분명하면 갈등은 많을 수밖에 없다. 나는 네가 될 수 없고, 너는 내가 될 수 없다. 서로의 차이와 한계를 이해하고 상호 존중해주는 태도와 기술이 중요하다. 가족문화가 왜곡되고 부모세대의 부부생활에 대한 긍정적인 체험이 부족하여 역할모델이 부족했기 때문에 결혼 기피 현상이 만연하고, 초혼 연령이 높아지며, 출산율이 낮아지고 있다. 세계 최고 수준의 이혼율과 최저 출산율을 기록하고 있는 나라에서 비혼자들마저 증가하고 있다. 가족구성원으로서의 역할에 대한 우선순위를 재조정해 가면서 건강한 결혼생활과 행복한 가족관계 회복을 위해 바람직한 가족문화의 창출이 절실하다.

가족구성원의 차이 이해와 상호 존중이 필요하다

가족은 가장 이질적인 사람들이 가장 가까운 공간에서 가장 오랫동안 함께 살아가는 관계다. 인간으로서의 탄생, 성장, 소멸의 관계맺음이 가정에서 이루어진다. 삶의 시작과 끝이 가족과 함께 이루어지는 것이다. 가족구성원들이 자기주도적으로 자기건강성을 확보할 수 있을 때, 건강하고 행복한 가족관계와 가족문화가 정착될 수 있다. 건강한 가족관계를 확보하고, 유지하며, 강화하기 위해서는 가족들이 서로의 감정, 인식, 표현의 정도를 적절하게 관리해야 한다. 가족구성원의 차이를 존중하고, 자기 점검을 통해 왜곡된 정도를 파악하여 관계능력이 향상될 수 있도록 함께 노력하여야 한다.

　가족관계 능력 향상을 위해서는 자신의 셀프리더십 요소인 몸, 맘, 말, 성, 돈, 일에 대한 생각·감정·표현 방법의 중요성을 재인식하고, 균형적으로 관리해야 한다. 자녀에 대한 관심과 부모를 위한 마음도 중요하지만, 먼저 자기 자신에 관심을 가지고 자기 역량을 강화하는 것이 더 중요하다. 자신의 생각, 감정, 행동이나 표현방법에 더 많은 관심과 애정을 가지고, 자신의 건강성을 먼저 확보하는 것이 행복한 가정을 가꾸기 위한 지름길이다.

가정은
행복에너지
충전소

가족구성원들이 서로의 차이를 이해하고 인정해주고 존중해주면서 서로의 생각을 키우고, 마음을 나누면서 대화와 소통이 잘 이루어지면 가정은 행복에너지 충전소가 될 수 있다. 가족구성원 상호간에도 좋아하는 것과 싫어하는 것의 우선순위가 다르다는 것을 항상 존중하고, 하루, 주간, 월간, 연간 계획을 세워 시스템적으로 피드백을 확인하면서 행복에너지가 충전될 수 있도록 함께 노력해야 한다.

행복은 사랑 곱하기 자유다

행복은 사랑 곱하기 자유다. 좀 더 구체적으로 행복방정식을 만들어 보면 "행복 = 건강 + (사랑 × 자유) + 대화 – 폭력"이다. 사랑 없는 행복이나 자유 없는 행복은 진정한 행복이 아니다. 진정한 행복을 위해서는 대화와 건강을 확보하고 폭력을 배제해야 한다. 순수한 사랑과 행복은 존재

그 자체다. 의도적인 사랑과 행복은 일시적이다. 불안과 두려움을 느끼면 순수한 사랑을 주고받을 수는 없다. 인간은 자궁 밖을 나오면서 불안과 두려움을 먼저 체험한다. 이후의 성장과정에서 자궁 속의 편안함을 회복하고, 느끼고, 추구할 수 있도록 도움이 필요한 존재다. 관심과 사랑이 부족하면 늘 불안과 두려움에 휩싸인다. 방치당하면 부정적인 감정이 누적된다. 아쉬움, 서운함, 외로움, 원망, 분노, 복수심 등과 같은 부정적인 감정들이 강화된다. 기쁨은 일시적인 감정이지만 행복은 순간적 감정이 아니라 관계 속에서 장기간 지속되는 기분이다. 행복은 오랜 시간 동안 부정적인 상황이나 사건이 없는 편안한 상태에서 만족과 즐거움을 느끼는 상태가 얼마나 지속되느냐가 중요하다. 사람은 마음이 편안할 때 창조적 아이디어가 떠오른다. 마음이 안정될 때 지혜와 긍정적인 영감이 창조된다. 그래서 사람은 늘 편안하고 안정된 상태인 행복을 추구하며 살아간다.

행복한 성공자로서 양성평등과 가족사랑을 실천하자

인간의 탄생, 성장, 소멸은 가족과 함께 이루어진다. 가정은 가장 이질적인 남녀노소가 가장 가깝게 살아가는 공간이다. 저출산 고령사회의 건강하고 행복한 양성평등 가족문화를 가꾸어야 한다는 목소리가 높아지고 있다. 가족갈등의 바람직한 문제 해결을 위해서는 눈에 보이는 사실과 상황도 중요하지만, 보이지 않는 마음의 문제가 더 중요하다. 양성평등이란 생물학적 성 차이를 인정하고 사회적 차별이나 불평등이 발생하지 않도록 성형평성을 고려하여 성인지적 관점에 따라 양성에게 기회, 조건의 평등이 보장될 뿐만 아니라 과정, 결과, 가치의 평등을 느낄 수 있는 상태를 말한다. 행복한 성공자로서 가족 사랑을 실천하기 위해서는 부부 간에 우선순위와 세대 간의 경계가 확보되어야 한다.

세대 분리와 융합의 지혜가 필요하다

가족구성원들은 부부를 중심으로 세대 간의 우선순위와 경계를 확보하고 생애주기나 상황에 따라 분리하거나 융합하는 지혜가 필요하다. 세 살 버릇 여든 간다는 속담이 있다. 그러나 가족상담 사례를 보면 3살 버릇 최소한 3대 이상 영향을 주고받는다. 가족은 모빌처럼 서로 크고 작은 영향을 주고받을 수밖에 없기 때문에, 한사람이 힘들면 모두가 힘들어진다. 내가 건강해야 가족이 건강하다. 내가 행복해야 가족도 행복하다. 가족이 건강해야 사회가 안정된다. 사회가 안정되면 가족문화도 건강하게 성장하고 발전할 수 있다. 가족의 긍정적인 기능이 강화되어야 저출산 고령화 문제를 극복할 수 있다. 남녀노소 세대 분리와 융합의 지혜가 필요하다.

세대 간의 차이를 존중하자

베이비붐 세대들은 어려서부터 대가족이나 다(多)형제 구조 속에서 살았다. 생존 경쟁 속에서 의식주를 혼자 스스로 해결하는 경험을 하기도 했다. 자립심과 독립심은 강한데, 가까운 가족과 함께 상호작용을 하면서 대화를 주고받는 방법이 서툴다. 상대방에 대한 배려심이 약해 결혼생활 동안 시행착오를 많이 한다. 그 2세들은 주로 외아들이나 외동딸이 많다. 핵가족이나 개인주의 문화에 익숙해져 있어서 다른 친구들과의 네트워크 능력은 탁월하지만, 자립심이나 가족 관계 능력은 부족한 부분이 많다. 결혼을 하지 않겠다고 고백한 사람들의 이유도 다양하다. 부모님의 결혼생활에 대한 부정적인 체험, 경제적인 문제, 업무과다로 인한 스트레스 등으로 다양하지만, 자세히 살펴보면 자립의지가 약한 사람이 많다. 부모의 과잉보호로 어린 시절에 스스로 독립해서 생활하는 경험이 부족하여 성인이 되어도 캥거루족처럼 부모에게 의지하는 경우도 많아 갈등의 씨앗이 되고 있으며, 저출산 고령사회의 문제점을 가중시키고 있다. 대가족 중심으로 성장한 세대와 핵가족 중심에서 자라난 세대 간의 차이를 이해하고, 서로 존중해 주는 태도와 자세가 중요하다.

가족관계가 바로 세워져야 한다

가족구성원 상호간에 부정적으로 왜곡된 관계에서 벗어나는 과정이 필요하다. 서로의 차이를 존중하면서 가족관계를 바로 세우도록 노력해야 한다. 우리나라는 전쟁문화, 군대문화, 직장문화가 가족문화를 많이 왜곡시켜 왔다. 그 후유증으로 이혼율, 자살률, 폭력발생률이 세계 최고 수준인 국가라는 불명예를 갖고 있다.

　가족관계가 해체되면 공든 탑이 무너지는 것처럼 손실이 크다. 애써 가꿔온 가정이 공중분해 되면, 힘들게 함께 노력했던 흔적도 사라진다. 집안 기둥이 무너지고, 주춧돌이 없어지면 그 집은 살기 어렵다. 가족구성원 각자가 망가진 집의 한 부분, 즉 하나의 부속품으로 전락한다. 헌

집의 부속품으로 새 집을 짓기 어렵다. 비바람에 휩쓸려 사람이 살지 않은 집을 생각해 보자. 한쪽이 망가진 집에서 내 아이들이 살고 있다고 생각해 보자. 어쩌다 비슷한 상처를 당한 집의 건축자재로 새 집을 지었지만 서로 아귀가 안 맞아 삐걱거린다면 그 심정이 어떠하겠는가? 집이 무너지면 아무리 좋은 기둥도 이미 사용된 건축자재 중 하나일 뿐이다.

집의 가치는 사람이 살 수 있을 때와 망가졌을 때 큰 차이가 있다. 서로 망가진 집의 부속품이 되기를 원하는가? 망가진 집에 내 가족이 외롭고 쓸쓸하게 남아있다면, 내가 새집을 지어 산다고 해서 행복하겠는가? 미완성의 집을 더 아름답게 함께 지어보고 싶은 생각은 없는가? 기본 틀을 유지하면서 가재도구와 인테리어만 좀 바꾸어도 많은 변화를 느낄 수 있다. 집안에 물건들이 있어야 할 곳에 있지 않고, 있지 않아야 할 곳에 있으면 많이 불편하고, 없는 것보다 못할 때가 많다. 가족구성원들이 생애주기에 맞는 역할에 따라 가족관계를 바로 세워가는 것이 행복한 생활의 지름길이다.

지금 이 순간, 나와 우리가족부터 출발하자

지금 이 순간, 나부터 우리 가족부터라도 편안하고 여유 있는 삶을 즐길 수 있어야 한다. 나부터 우리가족부터 양성평등 건강하고 행복한 가족문화를 재창출하여 정착시켜야 저출산 고령화 문제를 극복할 수 있다. 특히 저출산으로 인한 인구절벽이 생산절벽, 소비절벽으로 악순환되지 않도록 지혜를 모아야 한다. 완벽한 사람이나 문제가 없는 가정은 없다. 실수했을 때는 진심으로 사과하고, 상처받은 마음을 위로받는다면 관계가 개선되고 극복할 수 있다는 것을 수천 쌍의 가족 상담을 통해 확인했다. 나와 우리 가족부터 몸과 마음이 건강하고 말과 행동이 일치할 수 있도록 함께 노력하고 실천하는 태도와 자세가 중요하다. 실수나 실패를 자책하지 말고, 하나씩 변화를 시도해 보자. 무엇보다도 먼저 자신을 이해하고 용서할 줄 알아야 한다. 나와 우리 가족부터 제자리를 찾아야 한다. 진심은 통한다. 진심만이 용서받을 수 있다. 가족갈등에 대한 치료약은 오직 진심과 대화뿐이다. '비폭력 1인칭 공감대화'를 통해 나와 우리 가정에서부터 폭력문화가 추방되고, 가족대화방법이 개선되어 건강하고 행복한 양성평등 가족문화가 정착되기를 간절히 희망한다.

정자는 난자를
선택할 수
없다

인류는 남성의 정자와 여성의 난자가 결합하여 창조된다

정자와 난자가 만나는 과정을 살펴보면 정자가 일방적으로 침투하는 것이 아니라 난자가 문을 열어줘야 정자가 들어갈 수 있다. 임신을 위한 수정의 선택권이 정자가 아니라 난자에게 있다. 정자는 XY염색체, 난자는 XX염색체를 가지고 있는데, 난자가 Y염색체 정자를 선택하면 아들, X염색체를 선택하면 딸이 된다. 건강한 아이를 낳기 위해서는 부부가 최소 임신 3개월 전부터 건강한 정자와 난자를 생성할 수 있도록 마음의 준비가 필요하다. 생명과 만남의 소중함을 느끼면서 사랑과 정성으로 새로운 생명의 탄생을 준비하고 생애주기에 따른 가족계획을 실천해야 한다. 생명의 탄생 과정처럼 삶의 주도권도 기본적으로는 여성이 우선적으로 선택했을 때 안정감을 더 느낄 수 있다.

인간은 태어날 때부터 자유롭지 못하고, 불평등하며, 출생 시의 아픔,

즉 불행을 경험했기 때문에 자유권, 평등권, 행복권을 추구하면서 성장한다. 세계 각국에서 과거 가부장적인 남성중심의 일방적인 가족문화의 한계를 극복하기 위해 여성중심의 사회로 바뀌고 있다. 결혼제도는 부계사회와 모계사회를 반복하면서 일부일처제를 중심으로 발전해 오고 있다. 21세기는 여성중심의 신모계사회가 주류를 이룰 것이라고 말하는 인류학자도 있다. 인류의 반은 여자, 반은 남자다. 남성은 여성의 부족함을 탓하지 말고, 여성은 남성의 뾰족함을 탓하지 말라. 부족한 것이나 뾰족한 것 모두 소중하고 성스런 존재로서 의미가 있다. 부부는 해와 달처럼 인간 세상의 빛이다. 빛이 없으면 희망도 없다. 부부는 빛과 그림자처럼 하나로 연결되어 있다. 그림자는 빛을 원망하지 말고, 빛은 그림자를 무시하지 말라. 서로의 차이를 이해하고, 똑같이 소중한 존재로서 상호 존중하는 양성평등 부부문화가 정착되어야 한다.

행복은 권리요 의무다

행복한 가정을 가꾸는 것은 가족의 권리요 의무다. 나와 우리 가족의 미래는 다가오는 것이 아니라 만들어가는 것이다. 행복한 가정을 가꾸기 위해서는 먼저 자기 자신을 사랑할 줄 알아야 한다. 이기적으로 자기만을 생각하라는 것이 아니라, 자기 자신을 소중하게 생각하는 것처럼, 똑같이 배우자를 소중하게 사랑하고, 그다음에 가족과 이웃을 사랑해야 한다. 그것이 건강한 사랑이다. 그래서 남이 나를 어떻게 볼 것인가도 중요하지만, 자기 자신의 몸과 맘, 말과 행동을 있는 그대로 사랑하면서 자기 건강성과 가족관계의 건강성을 우선적으로 확보하는 것이 중요하다. 우리는 모두 행복한 삶을 즐길 수 있는 권리와 의무가 있다. 행복을 추구의 대상으로만 생각한다면 현재는 항상 불행할 수밖에 없다. 행복과 불행은 따로 존재하는 것이 아니라 하나로 연결되어 있다는 것을 깨닫는 순간 불행은 사라질 수 있다. 지금 이 순간 내가 행복하다고 생각하면 바로 느낄 수 있는 것이 행복이다.

저출산 고령사회 양성평등 행복한 가정문화

가정은 인간의 탄생과 성장, 소멸의 구심점이다. 가족관계는 양성이 평등한 행복한 삶의 척도다. 부부는 가정경영의 동업자로서 공동의 리더십을 가져야 한다. 부부관계는 인간과 생명 존중의 출발점이요 종착역이다. 가족문화의 건강성이 확보되어야 하는 이유가 여기에 있다. 나와 우리 가정에서부터 자기사랑·자기행복·자기건강성을 확보하고, 자신과 똑같이 배우자에게 소중한 사랑을 실천하는 것이 저출산 고령사회를 이겨내는 행복한 가족문화의 첩경이다. 생명존중이나 폭력문화 추방 운동은 인간이 인간답게 더불어 살아가기 위한 인간성 회복 운동이다. 나와 우리 가정의 안방에서 출발한 행복한 가족문화 가꾸기는 양성평등뿐 아니라 인간성 회복운동의 시작이요 끝이다.

가족구성원 모두가 참여하는 민주적이고 양성평등적인 가훈이나 가족규칙, 가족사명서, 가족헌장 등을 제정하고 회계연도마다 가족회의를 통해 개정안을 심의 의결하자. 나와 우리 가족의 미래를 위해 지금 이 순간, 나에게 가장 소중한 것이 무엇인가를 늘 함께 생각하며 실천하자. 가정은 더 이상 사적인 공간이 아니라 공적인 영역으로, 사회 공동체의 핵심으로 인식되고 있다. 내가 건강해야 부부가 건강하다. 나라가 건강하려면 가족이 건강해야 한다. 부부관계의 건강성을 확보하는 것이 사회안전망 확보의 지름길이다. 성인지적 관점에 따라 즐겁고 신나는 부부문화를 창출하자. 다양한 가족토크솔루션 프로그램들을 생활화하고 정서적, 육체적, 경제적으로 건강하고 행복한 가족문화가 정착되기를 간절히 희망한다.

양성평등 가족문화를 정착시키려면

1. 남녀는 가정 안에서 역할과 책임을 공유한다. 특히 자녀양육은 남녀 모두의 권리이자 의무이다. 남녀가 평등한 가족 공동체를 이루고 다양한 가족형태를 존중하자.

2. 임신과 출산은 여성의 사회적인 기여로 인정되고, 마땅히 보호받아야 한다. 임신으로 인한 어떠한 차별이나 불이익도 받아서는 안 된다.

3. 남녀는 능력에 따라 동등하게 경제 활동에 참여하고 이에 걸맞은 대우를 받아야 한다. 여성은 고용과 임금에서 남성과 동등한 권리와 기회를 가져야 한다. 장애인을 포함한 소외 여성에 대해서는 별도의 적극적인 지원이 이루어져야 한다.

4. 남녀는 시민으로서의 정치적 권리를 동등하게 행사해야 한다. 정치와 공공 부문에 여성이 참여하는 기회를 늘리며, 여성의 정치적 대표성을 높일 수 있는 법적 제도적 장치를 마련한다.

5. 남녀는 동등하게 교육받을 기회를 가져야 한다. 남녀의 역할에 대한 고정관념을 없애도록 교과 내용을 개선하고, 지식정보 사회를 맞아 여성의 잠재력을 개발할 수 있는 교육 환경을 조성한다.

6. 남녀는 평등하고 민주적인 문화를 가꾸어 나가도록 한다. 이를 위해, 가정과

직장, 대중매체 등 모든 영역에서 민주적이고 남녀 평등한 의식과 관행을
확립하도록 노력한다. 여성을 향한 모든 형태의 폭력을 없애기 위해 함께
노력한다.

* 2001년 7월 3일 '남녀평등 사회를 실현하는 원년'으로 선언하고, 여성가족부가 발표한 21세기 양성평등헌
장의 주요 내용 일부입니다.

오늘도
행복을 찾아서

책 속에 길이 있다. 책은 사람이고, 사람이 곧 책이다. 부부갈등 조정상
담 전문가로서 보고 듣고 느낀 생각이나 감정들을 보석처럼 모아 놓은
나의 글이 나의 길이요, 나의 삶이다. 진솔한 자기표현은 자신의 삶을 대
신한다. "어쩌다 부부" 이 책은 어쩌다 부부가 되어 참고 삭이며 살다가
응어리진 위기 부부들을 치유해주는 처방전이다. 삐걱대는 부부관계를
바로잡아주는 사용설명서다.

책에 생명을 불어넣는 것은 독자다. 독자들이 얼마나 활용하고 실천
하느냐에 따라 책의 생명력이 달라진다. 독자가 저자의 철학을 얼마나
깊이 이해하고 실천하느냐에 따라 부부관계가 달라진다. 모든 사람에게
는 자신만의 길이 있다. 부부는 작가이면서 동시에 하나의 작품이다.

책과 저자는 하나다. 작가는 책을 통해 성장하고, 더 성장하기 위해
책을 쓴다. 작가의 마음으로 자신의 삶을 가꾸어 나가야 한다. 우리는 모
두 부모님의 공동작품이다. 성인이 되어 자신의 작품을 만들고, 부모가

되어 자녀라는 이름의 작품을 만들어 나간다. 나쁜 습관으로 좋은 작품을 기대할 수 없고, 좋은 습관으로 나쁜 작품이 나올 수 없다.

사랑하지 않아서 싸우는 게 아니다

결혼생활은 낯선 길을 운전하는 초보운전과 같다. 늘 새로운 마음가짐으로, 하루하루가 처음이자 마지막 날인 것처럼 살아야 한다. 결혼생활에 대해 부모의 왜곡된 역할모델이나 상처가 있다면 비포장도로를 울퉁불퉁하게 운전하는 것과 같다. 사람은 누구나 한 번도 가보지 못한 자신만의 길을 간다. 늘 다니던 길이라고 똑같은 길처럼 착각하기 쉽다. 익숙한 길이라고 해서 똑같은 길이 아니다.

모든 길은 모든 사람에게 초행길이다. 그래도 혼자 걸어가는 것과 함께 걸어가는 것은 다르다. 인생이라는 초행길에도 서로에게 길동무가 필요하다. 혼자 한쪽 길만 고집하면 갈등이 생긴다. 이 책이 결혼생활의 길동무이자 자가용으로 활용되길 간절히 희망한다. 나무가 흙 속에 뿌리를 내리는 속도로, 솔밭에서 바늘 찾는 심정으로, 바늘로 우물을 파는 자세로 각자에게 주어진 삶을 살아갈 수밖에 없다. 그것이 인생이다.

갈등 없는 사랑, 갈등 없는 부부, 갈등 없는 가족은 없다. 혼자 살아도 갈등을 피할 수는 없다. 살아있는 모든 생명체는 갈등하면서 성장한다. 오직 죽은 사람만이 갈등은 느끼지 않는다. 위기는 기회다. 갈등은 성장의 기회요 삶의 에너지다. 갈등은 대화와 폭력의 중간 상태다. 선택을 어떻게 하느냐에 따라 악순환될 수도 있지만, 전화위복의 계기가 되어 선순환될 수도 있다.

개인과 부부, 가족의 갈등을 완전히 해결할 수는 없다. 하지만 함께 지혜를 모아 해결해 가는 태도와 자세 자체가 뜻깊고 중요하다. 갈등의 당사자들이 원하는 것도 서로의 입장 차이를 인정하고, 공감 대화를 통해 관계를 개선하는 것이다. 그래서 자기건강성과 자기표현이 중요하다.

정신과 육체의 에너지에 여유가 있어야 한다. 그래야만 관계의 중요성을 인식하고 상대방과의 입장 차이에 관심을 가질 수 있기 때문이다. 여유가 없는 사람은 상대방이 싫어서가 아니라 상대방과 우선순위가 다르기 때문에 호의를 거절하기도 한다. 나는 매일 샤워할 때마다 생각과 감정의 때를 씻어 내어 몸과 마음을 정화시키려고 노력한다. 내 가족도 서로에 대한 감정, 생각, 행동에 대한 표현 방법의 차이 때문에 갈등하고 싸우기도 한다. 서로 사랑하지 않아서 싸우는 게 아니다. 아무리 노력해도 가끔씩 자신의 한계를 드러낼 수밖에 없기 때문에 싸우는 것이다.

가짜 부부는 소문을 믿고 진짜 부부는 배우자를 믿는다

이 책은 부부갈등 조정상담 전문가로서의 활동 사례를 소개하고, 상담과 교육을 통해 갈등부부에서 평등부부로, 짝퉁부부에서 명품부부로, 가짜부부에서 진짜부부로 변해가는 과정을 도왔던 노하우를 함께 나누는 데 목적이 있다. 메시지 중심으로 머리를 차게 할 것인가, 스토리 중심으로 가슴을 뜨겁게 할 것인가를 고민하다가 "머리는 차게, 가슴은 뜨겁게". 하기로 결심했다. 두 마리 토끼를 잡기 위해 위기 가족상담 사례와 적절한 메시지를 포함시켰다. 그래서 부부생활의 필독서라고 감히 말씀드리고 싶다. 부부갈등의 당사자들이 '길을 가다 넘어지면, 그 땅을 밟고 일어서야 한다'라는 신념을 갖기를 바라는 마음으로 이 책을 썼다. 행복한 결혼생활을 원하는 모든 분들에게 이 책을 선물로 바치고 싶다. 혹시라도 이 책 내용이 마음에 들어 구매하고 싶은데 책값이 없다고 상담실에 찾아오시면 그 진정성을 확인하고 제가 서점의 책을 구입해서 선물해주고 싶은 심정이다.

나와 우리의 가족문화가 달라져야 한다. 비혼, 비출산 인구가 증가하고 1인 가구가 대세로 자리 잡고 있다. 시대 흐름에 따라 가족의 범위와 부부의 기능이 많이 달라지고 있다. 언어능력과 공감능력이 필요한 여성 중심의 사회로 변하고 있다. 부부갈등의 후유증은 천차만별이다. 잘할 때는 마음껏 칭찬해주자. 못했을 때도 질책하지 말고 지지와 격려와 용기를 주자. 힘들다고 해서 외면하거나 방치하거나 포기해서는 안 된다. 일방적인 해결책만 고집하면 그 후유증이 끝없이 반복되고 악순환될 뿐이다. 사후에도 경제적인 유산뿐만 아니라 정신적인 유산에 끼치는 영향이 너무 크다. 가족 대화를 통해 부부생활의 시행착오를 최소화하면서 건강하고 행복한 가족문화를 창출하고 정착시켜 가야 한다.

이 책은 부부에 의해 태어나, 부부가 되기 위해 성장하고, 부부의 의미를 깨달아가며 부부로서 살다가, 위기 부부들의 상담을 진행하면서 또 다른 부부들의 삶을 통찰하면서 보고 듣고 느낀 생각과 감정을 중심으로 집필했다. 한마디로 부부의, 부부에 의한, 부부를 위한, 부부와 함께하고 싶은 부부들의 이야기라고 할 수 있다. 부부싸움은 나라 간의 전쟁보다 더 치열하다. 부부는 나도 잘한 것 없고 너도 잘한 것 없다가 아니라, 나도 최선을 다했고 너도 최선을 다했다고 하면서 서로를 존중해 주어야 한다. 무조건 져준다고 생각하면 안 된다. 억울한 마음이 쌓이면 복수심으로 돌변할 수 있다. 내가 포기하거나 져주는 것이 아니라 상대를 있는 그대로 이해하고 인정해 주는 태도가 중요하다.

가짜 부부는 소문을 믿고 진짜 부부는 배우자를 믿는다. 서로에 대한 친밀감과 신뢰감을 회복할 때만이 진짜 부부로 새롭게 출발할 수 있다. 자신을 믿지 못하면 배우자도 믿을 수 없다. 나 자신과 나의 역할이 분리되지 못하면 나만의 보물을 발견할 수 없다. 나의 존재와 생명의 소중함은 그 무엇과도 바꿀 수 없는 소중한 보물이다. 이 책을 읽고 그 깨달음을 실천한다면 부부폭력이 종말을 고하고, 모든 폭력문화에서 해방될 수 있다고 믿는다. 2018년 4월 27일 판문점 남북정상회담을 통해 냉전과 위기의 상징 한반도가 평화와 번영의 상징으로 새롭게 출발하고 있다. 대결보다는 대화가 더 중요하다는 것을 실감하고 있다. 나와 우리 가정에서부터 원만한 대화와 소통방법으로 부부 정상회담이 이루어지고, 가족의 위기와 갈등을 극복하면서 폭력1번지가 아니라 행복1번지로 승화되기를 간절히 희망한다.

엄마 아빠의 에필로그가 아들과 딸들의 프롤로그로 이어질 것

끝으로, 부부의 글자와 발음이 같다 보니 서로의 생각과 마음도 같을 거라고 기대한다. 그러나 결혼생활이 진행될수록 같은 점이 하나도 없다는 것을 나는 너무 늦게 깨달았다. 지금 알고 있는 것을 결혼 전 알았더라면, 부부싸움으로 시간을 낭비하는 대신에 더 즐겁고 행복한 결혼생활을 즐길 수 있었을 것이다. 행복한 부부가 되는 것은 온 세상을 얻는 것과 같다. 부부는 서로에게 가장 우선적인 존재이다. 부부가 된다는 것 자체가 특별한 관계맺음을 뜻한다. 부부는 서로에게 판검사가 아니라 변호사와 같은 안전한 지지자가 되어 주어야 한다.

부부는 가장 우선적인 유일한 존재지만 소유물은 아니다. 지나친 간섭이나 과잉 베풀기는 남보다 못한 사람으로 느껴지게 할 수도 있다. 부부는 '따로 또 같이' 함께 할 수 있는 지혜가 필요하다. 부부에게는 분리·분화·융합의 기술이 필요하다. 배우자의 한계가 보이는 곳에서부터 상대 배우자의 역할이 시작되기 때문이다. 끝과 시작은 한 점에서 교차된다는 말이 있다. 엄마 아빠의 에필로그가 아들과 딸들의 프롤로그로 이어질 것을 믿는다. 이 책이 어쩌다 부부로 만나 결혼생활을 하면서, 달라도 너무 다른 부부들의 행복을 찾아가는 데 도움이 되길 바란다. 서로의 차이를 이해하고 인정하고 존중해 주면서 건강한 부부의 길을 안내해 주는 행복 내비게이션이 되기를 두 손 모아 기원한다.